Wenn die Seele trauert…
Psychische Ursachen körperlicher Erkrankungen

Eine Auswahl weiterer Titel aus dem humboldt-Gesundheitsprogramm:

Wenn die Seele trauert...

Psychische Ursachen körperlicher Erkrankungen

Von Jörg Müller

humboldt-taschenbuch 749

Der Autor:
Dr. phil. Jörg Müller ist seit 20 Jahren als Psychotherapeut tätig. Er ist promovierter klinischer Psychologe und Diplomtheologe. Seit 1990 gehört er der Gemeinschaft der Pallottiner an. Er lebt in Freising.

Hinweis für den Leser:
Dieses Buch kann die übliche medizinische Behandlung nicht ersetzen. Ziehen Sie deshalb im Zweifelsfall zusätzlich immer Ihren Arzt hinzu, und verwenden Sie dieses Buch nicht zur Eigendiagnose.
Soweit in diesem Buch eine Dosierung, Applikation, Therapie- oder Übungsanleitung empfohlen wird, darf der Leser zwar darauf vertrauen, daß diese Angaben dem aktuellen Stand von Wissenschaft und Forschung entsprechen. Für dergleichen Angaben kann jedoch vom Verlag keine Gewähr übernommen werden.

Umschlaggestaltung: Wolf Brannasky, München
Umschlagfoto: Tony Stone, München; Fotograf: Jane Gifford

5., neubearbeitete Auflage

Druck: Presse-Druck Augsburg
Printed in Germany
ISBN 3-581-66749-5

5 * 94

Inhalt

I. Der Körper als Ausdruck der Seele

Kurze Zeit nach meiner Praxiseröffnung schickte ein bekannter Nervenarzt einen 50jährigen Patienten zu mir. Dieser konnte seit seinem 20. Lebensjahr immer schlechter mit seiner rechten Hand Nahrungsmittel zum Mund führen. Weder ein Glas Wein oder eine Tasse Kaffee, noch eine Gabel oder einen Löffel vermochte er an seinen Mund heranzubringen; der ganze rechte Arm schien steif und hilflos, sobald er sich Nahrung zuführen wollte. Wohl konnte er sich kratzen, den Finger in den Mund legen, nicht aber essen und trinken. Gleichzeitig litt er unter Schlafstörungen, Kopfschmerzen und »Platzangst«. Letzteres bezog sich jedoch nur auf Kirchen: Die Angst, inmitten der Menschenmenge umzufallen, verwehrte ihm den Zutritt zu Gottesdiensten. Organische Störungen lagen nicht vor. Die ganze Problematik war ihm peinlich und unerklärlich.

So lief er innerhalb von 30 Jahren von Pontius zu Pilatus; doch eine Heilung blieb aus. Er nahm ein ganzes Arsenal von Medikamenten zu sich, in der Folge stellten sich nur Leberschäden ein. In diesem Zutand traf er bei mir ein, 30 Jahre nach einem – wie es zunächst schien – banalen Ereignis, das sich als Auslöser jener merkwürdigen Symbolkrankheit herausstellen sollte.

Dieser Patient, in einer streng religiösen Familie auf dem Land aufgewachsen, hatte ein Erlebnis mit 17 Jahren, das ein Jugendlicher für gewöhnlich rasch vergißt und als Entgleisung deutet. Unser Patient hingegen empfand seine Tat als schwerwiegend und verdammungswürdig. Und eben hierin lag der neurotische Charakter seiner Reaktion.

Als sein Vater ihn wegen einer frechen Bemerkung mit einem Stock schlagen wollte, entriß unser Patient ihm den Stock und schlug nun seinerseits auf den Vater ein. Der war von Stund an wie verwandelt: Er verweigerte seinem Sohn den in dieser frommen Familie üblichen Vatersegen und verhielt sich ihm gegenüber distanziert und wortkarg. Das blieb so bis zu seinem Tod.

Im Lauf der Jahre wuchs dieses Ereignis beim Patienten zu einem unbewältigten Konflikt heran, den er zu verdrängen versuchte. Die seelische Spannung steigerte sich jedoch; schließlich traten Depressionen, Ängste, Schuldgefühle und Selbstbestrafungstendenzen ein. Der Gang zum Gottesdienst wurde unerträglich. Die rechte Hand, mit der er seinen Vater geschlagen hatte, verweigerte zunehmend jegliche Nahrungszufuhr. Es schien, als wollte das Unterbewußte ihn verhungern lassen. Diese Hintergründe wurden immer mehr verdrängt und blieben schließlich völlig verborgen, so daß die Ärzte nie auf diese Spur geführt wurden. Eine langwierige analytische und hypnotische Behandlung ließ ihn schließlich gesunden. Inzwischen ist er sogar Mitglied des Kirchenchors und erfreut sich guter Gesundheit.

Dieses Beispiel zeigt in massiver Weise, wie stark sich seelische Konflikte in körperliche Störungen verwandeln können, wenn sie nicht irgendwie verarbeitet werden. Im vorliegenden Fall schlug sich der Konflikt symbolhaft im beteiligten Körperteil nieder (Lähmung des rechten Arms, der den Vater schlug). Es liegt auf der Hand, daß hier eine rein medikamentöse Therapie erfolglos bleiben mußte.

Nun reagiert nicht jeder auf die gleiche Weise. Meist manifestiert sich der verdrängte Konflikt weniger verschlüsselt, sondern in irgendwelchen Organen oder einfach diffus als Angst- und Schuldgefühl mit vegetativen Begleitsymptomen. Andere zeigen viel später erst Herzrhythmusstörungen oder eine chronische Migräne, Magengeschwüre oder Angina Pectoris. Warum nun der eine angesichts eines solchen Vorfalls niemals erkrankt, der andere kurzfristig Schlafstörungen zeigt oder Durchfall bekommt, ein dritter in Depressionen verfällt, das liegt einerseits an der ererbten oder anerzogenen seelischen Verfassung, andererseits an der körperlichen Disposition. Menschen, die sich schwer tun, ihre Gefühle zu zeigen, Ärger, Ängste und Wünsche auszudrücken, neigen in hohem Maß zu psychosomatischen Erkrankungen (psyche = Seele, soma = Körper). Wer sich an seine Umwelt stark anpaßt, wer sich ständig »beherrscht« und wehrlos dem gesellschaftlichen Druck aussetzt, wer sich unterordnet und schluckt, der gehört zu diesen Psychosomatikern. Er wird unter Kopfschmerzen leiden, weil er sich vielleicht den beruflichen Anforderungen nicht ge-

wachsen fühlt; er wird an Asthma erkranken, weil ihn möglicherweise irgendein Problem zu erdrücken scheint; er wird einen
hohen Blutdruck feststellen, weil er ständig bereit ist zu einem
Kampf, der nie stattfindet. Unsere Körpersprache weist auf jene
möglichen Hintergründe hin:

>>Das bereitet mir Kopfschmerzen<<
>>Ich habe die Nase voll<<
>>Es verschlägt mit den Atem<<
>>Er nimmt es sich zu Herzen<<
>>Mir ist eine Laus über die Leber gelaufen<< usw.

Solche Bemerkungen lassen auf seelische Ursachen schließen, auch
dann, wenn die seelische Erkrankung längst organisch fixiert ist
und losgelöst vom unbewußten Konflikt scheint.

Daß der Körper Ausdruck der Seele ist, ist kein neuer Gedanke.
Bereits Platon (400 vor Chr.) wies auf diesen Zusammenhang
hin; auch das alttestamentliche Buch >>Job<< legt diese Erkenntnis
dar. Selbst die moderne Graphologie besticht immer wieder mit
erstaunlichen Feststellungen, wonach Schriftmerkmale psychische
Elemente widerspiegeln, ja sogar organische Erkrankungen erkennen lassen. Im Psalm 38 wird ein klassisches Beispiel psychosomatischer Erkrankung beschrieben. David zählt verschiedene
Symptome auf, die sich nach einer Schuldverdrängung einstellten:
Hautausschläge, Fieber, Rückenschmerzen, Herzjagen, Augen-
schwäche, Depressionen. Erst als er seine Schuld vor Gott bekannte und bereute, begann die Heilung.

In meine Praxis kam einmal eine junge Dame, die ähnliche Symptome aufwies. Mir fiel auf, daß sie in jede Sitzung eine kleine
Verletzung mitbrachte, die sie sich auf der Straße durch Stolpern
zugezogen hatte. Sie stolperte stets in der Nähe von Geschäften
mit Babyartikeln. Auf meine Frage, warum sie sich selber bestrafte, reagierte sie verunsichert. Im weiteren Verlauf der Therapie gab sie zwei Abtreibungen zu. Die Heilung begann tatsächlich erst ab dem Tag, an dem sie ihre abgelehnten Kinder um
Vergebung bat.

Familienmilieu, religiöse und geistige Bildung, Erziehung, körperliche Veranlagung, ererbte Dispositionen prägen in Verbindung
mit Enttäuschungen, Verlusten und seelischen Verletzungen das

weitere Schicksal. Die Sensiblen haben es gewiß schwerer als die Dickfelligen; die Intelligenten fühlen sich weitaus belasteter als die weniger Intelligenten; die Religiösen sind anfälliger als die Nichtreligiösen, sofern jene keinen tragfähigen Glauben haben. Nicht immer sind rechtgläubige Menschen auch recht gläubig. Wo nur Tradition eine Rolle spielt, bleibt die engagierte und persönliche Gottesbeziehung aus.

Jedes Erlebnis hinterläßt Spuren in der Psyche. Die dadurch ausgelösten Gefühle wirken auf den Körper, beispielsweise auf den Sympathikus, auf die Nebennieren, auf den Kreislauf oder auf die Blasenfunktion. Jeder weiß aus eigener Erfahrung, wie ein plötzlicher Schreck in die Glieder fahren kann: Das Blut schießt hoch, der Puls steigt, das Hormon Adrenalin wird ausgeschüttet. Bleibt eine derartige körperliche Reaktion ein Dauerzustand, wie sie der negative Streß mit sich bringt (es gibt auch einen positiven Streß, z. B. sportliche oder sexuelle Aktivität, sofern sie gern ausgeführt wird), dann hat das unweigerlich negative Folgen für den vegetativen Bereich. Der Betreffende wird nervös, ängstlich, erregt. Der Kreis schließt sich. Am Ende weiß niemand mehr so recht, wo der Anfang zu suchen ist.

Die Stärke solcher Reaktionen hängt weitgehend von den oben genannten Faktoren der einzelnen Persönlichkeit ab. Seelische Dauerbelastung kann organische Schädigungen hervorrufen, derenthalben der Patient dann zum Arzt geht. Medikamente allein sind in diesem Fall weder ausreichend noch nützlich. Unter Umständen werden sogar gesunde Organe durch die Medikamentierung erst negativ beeinflußt. Typisch ist das Beispiel des Herzneurotikers: Organisch gesund und ohne sichtbaren Befund, verschreibt ihm der Arzt Herztropfen, nur um den Patienten zu beruhigen. Die Folge ist eine sich steigernde Unruhe und Ängstlichkeit, eine nervöse Beobachtung des Herzschlages. Denn warum sollte ihm der Arzt Tropfen verschreiben, wenn er am Herzen gesund ist? Und so beißt sich die Katze in ihren eigenen Schwanz. Ein Ignorieren der Symptome oder ein bewußtes Daraufzugehen mit der Absicht, das Herzklopfen besonders stark verspüren zu wollen, hätte hierbei mehr Erfolg.

Die heutige Forschung nimmt an, daß über 80 % der körperlichen Symptome seelische Ursachen haben. Angesichts dieser

Erkenntnis ist es mehr als fragwürdig, daß die Krankenkassen immer nocht nicht bereit sind, die Kosten der psychologischen Behandlungen bei den nichtärztlichen Therapeuten zu übernehmen.

Es stellt sich die Frage, mit welchen Mitteln vorbeugend oder heilend an diese körperlich-seelischen Erkrankungen herangegangen werden kann. Sicherlich mögen eine richtige Erziehung, eine günstige Disposition, eine vernünftige Ernährung, eine phlegmatische Einstellung die besten Voraussetzungen für eine stabile Gesundheit sein. Doch wer kann sich seine Erziehung aussuchen, wer seine Disposition? Wer kann es sich leisten, Reformkost zu genießen, und wie sollte jemand aus seiner cholerischen oder melancholischen Veranlagung eine phlegmatische machen? Das Dilemma bleibt, wird sogar noch ergänzt durch eine zunehmend technisierte Ernährungsweise mit vornehmlich chemischen Produkten, durch Umweltverschmutzung und berufliche Höchstanforderung.

Mit Gewißheit vermögen eine positive, angstfreie Einstellung zur Umwelt, zum Beruf sowie die Fähigkeit der Gefühlsäußerung und Aggressionsentladung die Neigung zu psychosomatischen Krankheiten verringern. Meistens aber muß erst nach einer erfolgten Krise und nach der Bewußtmachung der verdrängten Hintergründe das Leben umgestaltet werden. Darum ist Aufgabe dieses Buches zu versuchen, die Rolle der *möglichen* – nicht der unbedingten und absoluten – seelischen Faktoren aufzudecken, die als disponierende oder auslösende Bedingung für die Krankheit gelten *können*. Nicht in jedem Fall wird es so sein, wie ich es hier darlege. Das Buch will unverbindliche Orientierung sein, nicht verbindlicher Maßstab. Es soll helfen, sich selbst zu erkennen und die Einheit von Körper, Geist und Seele zu begreifen.

II. Körperliche Störungen und ihre seelische Verursachung

Bestimmte Situationen lösen bestimmte Affekte aus. Verlust kann Trauer, Enttäuschung, Ärger bewirken, angenehme Überraschungen können Freude verursachen. Solche Affekte beeinflussen die Magensekretion, den Blutdruck usw.

Nun ist das Krankmachende nicht die Situation selbst, vielmehr die Art und Weise, wie der betreffende Mensch darauf reagiert. Da gibt es sogenannte Pechvögel oder Risikopersönlichkeiten, die auffallend häufiger negativ reagieren als ihre dickhäutigen Zeitgenossen.

Ein Mensch, der dazu neigt, Ärger zu schlucken, der also ein schwaches Selbstwertgefühl besitzt, produziert infolge der dann immer eintretenden vegetativen Verkrampfung (Gefäßverengung) mehr Magensaft. Er wird schließlich krank. So ist die eigentliche Ursache dieser Krankheit nicht der Ärger, den er als Grund vorgibt, sondern der geschluckte, unausgedrückte Ärger, also die Art und Weise, wie er mit dem Ärger umgegangen ist. Andere Leute empfinden diesen Ärger ebenso, sind aber aufgrund einer anderen seelischen Disposition in der Lage, ihn zu kanalisieren. Sie befreien sich von ihm durch lautstarkes Schreien, durch Schlagen auf Gegenstände, durch eine Folge von Bewegungsabläufen: Laufen, Aufspringen, Gestikulieren. Sie bleiben gesund.

Wir haben keine Streitkultur entwickelt. Faires, sachliches Auseinandersetzen ermöglicht auch ein Zusammensetzen. Unsere Art, miteinander zu streiten, mündet meist in die verschlüsselte Aggression, die sich durch Schuldzuweisungen, Türenschlagen, Ironie und Sarkasmus, durch Schmollen oder Beleidigen präsentiert. Zoologen berichten, daß Schimpansen Streit durch körperliche Zuwendung abbauen, wobei es egal ist, wer den Anfang macht. Wir hingegen sind kaum imstande, aggressive Energien konstruktiv umzuleiten. Lieber verstricken wir uns in ein Netz von Lügen und Attacken, um einer kleinen Demütigung aus dem Weg zu gehen.

So hat die amerikanische Anthropologin Margret Mead auf Neuguinea festgestellt, daß der Stamm der Arapesh völlig ohne Aggressionen ist, weil die Eingeborenen von Kind an dazu erzogen wurden, ihre Wut im Schlagen auf einen eigens dafür bestimmten Baum loszuwerden. Die benachbarten feindlichen Mundugumor hingegen stellen eine Ausgeburt von Aggressivität dar, weil sie frühzeitig Gefühle der Zuneigung untereinander verbieten und selbst Familienangehörige unter gewissen Umständen als Gegner betrachten. Sie weisen folglich auch mehr Krankheiten auf als die Arapesh.

Affekte sind in bestimmten Teilen des zentralen Nervensystems lokalisiert, die ihrerseits auf den Körper einwirken und vegetative Vorgänge auslösen. Diese Koppelung ist ein psychosomatischer Vorgang.

Dauern derartige Spannungen im Organismus an, kann es zu funktionellen oder organischen Störungen kommen. Der Streß beispielsweise stellt eine solche Dauerspannung dar. Es gibt mehrere Möglichkeiten, auf ihn zu reagieren. Entweder ich stehe ihm gleichgültig gegenüber (das setzt Selbstsicherheit und Stabilität voraus); dann vermag er mit nichts anzuhaben. Oder ich lege nach spürbarer Ermüdung und Überreizung Erholungspausen ein (das setzt Disziplin und Willenstärke voraus); dann vermag er mir nur wenig anzuhaben. Schließlich kann ich mich aber auch völlig von ihm erdrücken lassen (das setzt Hilflosigkeit voraus); dann gehe ich an ihm zugrunde.

Wir sehen, daß die jeweilige persönliche Einstellung ausschlaggebend sein kann für eine Erkrankung. Die Frage lautet also: Wie gehe ich mit den gesteckten Zielen um? Wie bewerte ich Enttäuschung, Verlust, gesellschaftliche Normen?

Jeder gerät in Konflikte mit seinen eigenen Vorstellungen und denen der Gesellschaft. Wer nur das tut, was »man« tut, wer nicht seinem Wesen gemäß lebt, sondern auf seine eigenen Bedürfnisse verzichtet, etwa aus Angst vor Blamage, vor Ablehnung, aus Scham, aus Taktik, der erkrankt. Krankheit ist Mangel. Die hier beschriebenen Krankheiten weisen allesamt ähnliche Mängel auf, deren Ursache mehr in der Erziehung als in der körperlichen Disposition zu suchen ist. Zugrunde liegen folgende typische Mangelerscheinungen:

– Die Unfähigkeit, mit Ärger, Ehrgeiz und Leistungsstreben umzugehen;
– Die Unfähigkeit, wahre Gefühle und Bedürfnisse auszudrücken;
– Die Unfähigkeit, sich zu entschuldigen und die Versöhnung einzuleiten.

So entsteht ein Konflikt. Da der Konflikt momentan nicht gelöst werden kann, wird er verdrängt. Dies hat eine Steigerung der inneren Spannung zur Folge. Es tritt Unbehagen auf: Angst, Depressionen, Aggressionen; schließlich Kopfweh, Bauchschmerzen, am Ende Magengeschwüre, Krebs usw. Nun folgt der Gang zum Arzt; der verschreibt Medikamente gegen die Symptome, behandelt aber kaum die Ursache, d. h. die neurotische Art und Weise, mit der der Patient seine Enttäuschungen angeht, seine Verletzung bewertet und deutet. Wer die Frustration überbewertet, läuft Gefahr, sie entweder zu verdrängen oder hochzuschaukeln. Ich habe lange gebraucht, um zu erkennen, daß solche Verhaltensweisen von einem Mangel an Selbstliebe und Demut herrühren. Menschen, die beispielsweise Dankbarkeit üben, indem sie ihr Leben mitsamt den Widerwärtigkeiten als Geschenk Gottes betrachten, fallen weniger in depressive oder aggressive Verhaltensweisen.

1. Störungen des Magen-Darm-Trakts

Für den Säugling bedeutet Nahrung in erster Linie Zuwendung durch die Mutter, Hautkontakt und Wärme. Später empfindet der Mensch die Nahrungsaufnahme als wichtige Lebensquelle und ist sich nicht mehr bewußt, welche ursprüngliche psychologische Wirkung das Essen innehat. Doch auch für ihn, den Erwachsenen, geht die Liebe durch den Magen, so, wenn beispielsweise die Mutter oder Ehefrau ihre Zuneigung durch raffinierte Kochkünste und lukullische Überraschungen zu erkennen gibt. Liebende haben sich »zum Fressen gern« und füttern sich bisweilen spielerisch gegenseitig. Und auch so mancher frustrierte Zeitgenosse greift hier und da zum berühmten Betthupferl, das ihn als Ersatz für andere, momentan nicht erreichbare Zuwendung trösten soll.

Wer enttäuscht wurde, führt sich oftmals Naschereien zum Mund, läuft Gefahr, durch allzuhäufiges Essen Kummerspeck anzusetzen, ohne um die tiefe Bedeutung seiner Ersatzbefriedigung zu wissen. Sein symbolischer Hunger nach Liebe beeinflußt den Magen so, als ob ein echter Hunger vorläge.

Das Streben nach Geborgenheit und Unabhängigkeit wird im Magen somatisiert, d. h. körperlich ausgedrückt und als Hunger gedeutet. Nahrungsverweigerung kann zur Strafe und Sühne werden; Heißhunger ist oft Folge einer Überforderung. Im Eßverhalten zeigt sich, wie einer zu sich selber steht. Hunger nach Streicheleinheiten, bedingt durch ein Defizit an Liebe oder Erfolg, produziert Magensaft. Diese Hypersekretion verlangt eine orale Befriedigung; wer jetzt nichts ißt, bahnt möglicherweise einem Magengeschwür den Weg.

Mancher neigt dazu, seine Sorgen in Alkohol zu ertränken, und wird so zum »armen Schlucker«, der am liebsten wieder jene Flasche ergreifen würde, die die Mutter ihm zur Säuglingszeit reichte. Sein Verhalten verrät die Abhängigkeit und Hilflosigkeit kleiner Kinder.

Ist nun der gefühlsmäßige Bereich aus dem Gleichgewicht geraten, weil Ärger, Wut, Angst oder Depressionen anhalten, so schlägt sich das auf den Magen-Darm-Bereich nieder, wie wir im folgenden sehen werden.

Schluckstörungen und Globusgefühl

Schluckbeschwerden entstehen durch Verkrampfung der Speiseröhre, hervorgerufen durch Angst. Wer unter ständiger Schluckbehinderung leidet, sollte also neben eventuellen organischen Defekten, ausgelöst durch Verätzungen oder Geschwulste, nach seinen untergründigen Angstempfindungen forschen. Solche lästigen Störungen sind häufig verbunden mit einem Globusgefühl, das sich wie ein Drücken oder Würgen anfühlt. Der Betreffende meint, einen Kloß im Hals zu haben.

Die Bemerkungen »Das kann ich nicht schlucken« und »Ich habe in meinem Leben so manches schlucken müssen« weisen schon auf jene tiefenpsychologische Bedeutung hin. Es liegen also wahrscheinlich Dinge vor, gegen die der Mensch im stillen protestiert, etwa gegen eine ungerechte Behandlung durch Vorgesetzte, gegen verletzende Kritik oder belastende häusliche Zustände. Vielleicht kann aber auch die Person »ihren Hals nicht voll genug bekommen«, indem sie erbittert um irgendwelche materiellen oder ideellen Werte kämpft. Es sind vorwiegend Frauen, die in Verbindung mit anderen Angstsymptomen, etwa »Platzangst«, das Globusgefühl haben. Die fachliche Bezeichnung »globus hystericus« verrät den ursprünglich weiblichen Charakter dieser Krankheit (hystera = Gebärmutter).

In einem meiner Kurse für Autogenes Training fand sich eine Dame ein, die unter dem Globusgefühl litt, das sie mittels des Trainings zu beheben versuchte – ohne Erfolg. Eine von mir vorgeschlagene Gesprächstherapie ergab, daß sie sich von ihrem Ehemann unterdrückt und zum Mädchen für alles degradiert fühlte. Daß sie mehrfach geschlagen wurde, bekannte sie erst viel später. Ein gemeinsames Gespräch mit ihrem Mann und eine längere Übungszeit mit der autogenen Formel »Ich bleibe ruhig und gelassen. Ich handle fest, entschlossen und selbstbewußt« vermochte ihr Leiden weitgehend zu heilen.

Mitunter kann aber auch eine Verätzung der Speiseröhre vorliegen oder ein Karzinom. Daher sind genaue Untersuchungen zu empfehlen, wenn Unklarheit besteht. Es kommt schon mal vor, daß Frauen ein Globusgefühl entwickeln, wenn sie vom Ehemann zur Fellatio (Mundverkehr) genötigt werden. Der nun entstandene Ekel davor kann soweit gehen, daß sogar eine allgemeine Abwehr gegen feste Speisen entsteht.

Eine Bekannte von mir zeigte eine andere Form der Schluckbeschwerden: das Luftschlucken, Aerophagie genannt. Während des Sprechens entstanden bei ihr ständig deutlich hörbare Rülpsgeräusche, die nicht nur hinderlich, sondern auch peinlich waren. Den genauen Grund ihrer Störung habe ich nie erfahren, kann mir aber denken, daß sie damit unbewußt lautstarken Protest gegen die dauernde Abwesenheit ihres Mannes von sich gab. Chronisches Aufstoßen ohne organischen Befund hat also sicher einen psychogenen (= seelisch verursachten) Hintergrund. Irgendetwas kommt im Betreffenden hoch, das sich in dieser unterdrückten Protestaktion Luft verschaffen will.

Magen- und Zwölffingerdarmgeschwür

Wohl die häufigsten aller psychosomatischen Erkrankungen sind neben der Migräne, die eher bei Frauen auftritt, die verschiedensten Formen der Magenschmerzen, die männliche Patienten bevorzugt heimsuchen. Unter diesen wiederum trifft es meist einen bestimmten emotionalen Persönlichkeitstyp, der schlankwüchsig ist, einen niederen Blutdruck aufweist und zu vermehrter Salzsäureabsonderung im Magen neigt. Solche Anlage ist erblich und findet sich überraschenderweise eher bei Menschen mit der Blutgruppe 0, die außerdem auch noch eine um 60 % gesteigerte Wahrscheinlichkeit haben, 75 Jahre und älter zu werden. Das sind Feststellungen aus neuerer Zeit, die noch manche Fragen aufwerfen.

Der Magen hat Verdauungsfunktion. Er stellt, wie wir inzwischen wissen, im Zusammenhang mit der Nahrungsaufnahme

Abb. 1.

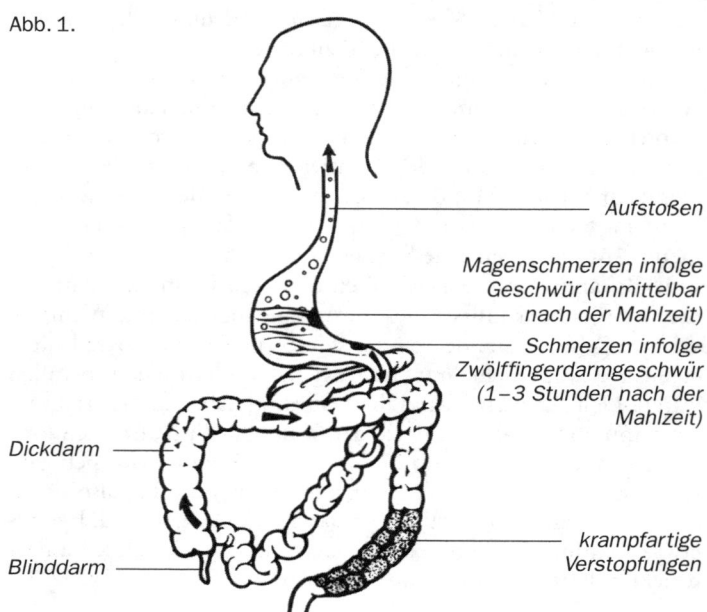

Aufstoßen

Magenschmerzen infolge Geschwür (unmittelbar nach der Mahlzeit)

Schmerzen infolge Zwölffingerdarmgeschwür (1–3 Stunden nach der Mahlzeit)

Dickdarm

Blinddarm

krampfartige Verstopfungen

eine wesentliche Verbindung zum Problem der Geborgenheit und Sicherung her. Das Streben nach Sicherheit manifestiert sich beim Erwachsenen zunehmend im Streben nach Macht und Geld. Geld tritt an die Stelle von Nahrung, die eingenommen und wieder ausgeschieden (ausgegeben) wird. Das Märchen vom »Tischlein deck dich, Goldesel streck dich, Knüppel aus dem Sack« weist auf die Verwandtschaft von Geld und Kot hin. Schon das Kleinkind »besitzt« sein Töpfchen und übt mitunter durch Zurückhalten seines Stuhls Macht auf die wartende Mutter aus. In erpresserischen Fällen verweigert das Kind seine Darm-Produktion und gibt sie erst nachts im Bett her. »Geld stinkt nicht« sagen wir und sprechen bezeichnenderweise vom »Bescheißen«, wenn jemand einen anderen finanziell übers Ohr gehauen hat.

So stellt sich die Frage, welche psychologischen Elemente hinter dem Magenschmerz oder Geschwür stehen. Es ist bekannt, daß Aggressivität und Ärger den Verdauungsvorgang beschleunigen, während Angst und Depressionen den Vorgang verlangsamen. Ist eine solche affektive Befindlichkeit ein Dauerzustand, kann aufgrund der Erhöhung der Magensekretion ein Geschwür (Ulkus) entstehen. Der Magen frißt sich sozusagen von selbst auf.

In meiner Praxis finden sich unter den Ulkusleidenden vornehmlich gewissenhafte Leute, die ständig ihren Ärger herunterschlukken und sich nach außen hin als beherrschte, ruhige Persönlichkeiten geben. Außerdem liegt immer eine Konfliktsituation vor, indem sie ihr starkes Bedürfnis nach Liebe und Zuwendung unterdrücken, gleichzeitig Ehrgeiz und Leistungsstreben entwickeln, um jene Unterdrückung wettzumachen.

Hier tritt wieder das menschliche Urbedürfnis nach Gefüttertwerden (= Geliebtwerden) zutage. So ist der Magenkranke auf dem Sektor Essen gestört, weil er auf dem Sektor Liebe und Besitz gestört ist. In der Tat ist er ein auffällig entgegenkommender, scheinbar anspruchsloser und freigebiger Mensch, der große versteckte Besitzansprüche und Aggressionen hat, die er aber niemals ausleben kann. Da ihn seine Wünsche nach Bemutterung und Liebe abhängig machen, er aber Besitz und Aktivität anstrebt, um unabhängig zu werden, gerät er in einen seelischen Konflikt. Was auch immer er anstellt, er gerät in eine fatale Situation. Sein Unterbewußtsein würde das so ausdrücken:

»Ich bin aktiv und setze mich selbstlos für andere ein. Ich bin sozial tätig und mache die Sorgen anderer zu meinen eigenen Sorgen. Ich bin unfähig, ›nein‹ zu sagen, weil ich sonst die Achtung und Verehrung der anderen verlieren könnte. Da ich aber geliebt sein möchte, tue ich für andere alles. Im Grunde bin ich abhängig von der Meinung der anderen, was mich aggressiv stimmt. Ich hasse die Umwelt, schlucke aber meinen Haß herunter.«

Es liegt auf der Hand, daß solche Patienten ständig unruhig nach Erfolg und Anerkennung suchen, überaktiv sind und in dauernder unbewußter Angst leben, die mühsam errungene Zuneigung zu verlieren. Gleichzeitig kommen Schuldgefühle auf, da Haß in diesem Verhaltensmuster eine unterschwellige Rolle spielt. »Ich hasse sie alle, um deren Gunst ich buhlen muß für mein Weiterkommen«, sagte mir einmal ein 35jähriger Mann, der wegen Magendrücken und Erbrechen von seinem Hausarzt zu mir geschickt wurde.

Der Ulkuskranke sollte lernen, seine Abhängigkeitsbedürfnisse offen zuzugeben und seine Gefühle zu verbalisieren, vor allem die aggressiv gefärbten Schuldgefühle. Es bestätigt sich immer wieder, daß das Bekenntnis von Gefühlen und Bedürfnissen, ganz besonders der Schuldgefühle, heilenden Charakter hat.

Die Schuldgefühle können so stark auftreten, daß sich Krämpfe einstellen, die innerhalb weniger Stunden zum Durchbruch einer ganzen Darmwand führen. So kann sich jemand vor lauter Sorgen »ein Loch in den Bauch ärgern«. Auf einen einfachen Nenner gebracht: Unterdrückte Schuldgefühle verursachen Geschwüre. Im Körper spielt sich das so ab:

Schuldgefühle werden – wie alle Emotionen – von der Hirnrinde registriert; diese verweigert jedoch die intensive Beschäftigung mit dem unangenehmen Thema und gibt sie weiter an das Zwischenhirn, das seinerseits die Magengefäße auffordert, sich zusammenzuziehen und mehr Säure zu produzieren. Damit soll eine Art Ablenkungsmanöver geschaffen werden: Der Magen tut so, als müsse er etwas verdauen. Da aber nichts da ist zum Verdauen, frißt er sich selbst auf; das Geschwür entsteht.

»Er reagiert sauer«, sagen wir angesichts eines vergrämten Mitmenschen. Oder »Der Magen dreht sich um«. Die ursächlichen Hintergründe eines solchen körperlichen Vorgangs bleiben jedoch bis heute noch ungeklärt.

Die beste Therapie ist das Bekenntnis der Schuld und Angst, ist das bewußtmachende Gespräch sowie das Neinsagenkönnen und die Gleichgültigkeit dem Leistungsdenken gegenüber. Bewährt hat sich das Autogene Training mit der Wärme- sowie der Zusatzformel: »Ich bleibe ruhig und gelassen. Probleme, Ärger und Streß gleichgültig. Alles ist entspannt und strömend warm.«

Nur wenige Zentimeter tiefer liegt der Zwölffingerdarm. Menschen, die unter einem Geschwür in dieser Gegend leiden, sind im Unterschied zu Magenleidenden nicht auf Anhieb zu erkennen. Es sind meist sportliche, aktive und aufgeschlossene Leute. Aber auch für sie gilt das oben Gesagte, insbesondere der unbefriedigte Ehrgeiz in Verbindung mit Hetze, der das vegetative Nervensystem in Unordnung bringt. In vielen Fällen tritt das Zwölffingerdarmgeschwür im Frühjahr und Herbst bevorzugt auf. Während die Schmerzen beim Magengeschwür nach dem Essen auftreten und sich erst bessern, sobald der Magen leer ist, treten die Beschwerden beim Zwölffingerdarmgeschwür vor dem Essen auf und verschwinden nach der Nahrungsaufnahme. Männer erkranken häufiger als Frauen. Ursache ist mitunter auch die soziale Isolierung, wenn also ein Trennungserlebnis nicht verdaut wird, beispielsweise eine Scheidung, Berufs- und Wohnungswechsel, Weggang vom Elternhaus, Heirat usw. Diese Patienten können ohne weiteres Hunger und schlechte Ernährung problemlos ertragen, solange sie sich in ihrer Gruppe wohlfühlen. Bei Trennung und Ablehnung hingegen klagen sie auch bei Einhaltung der Diät über Beschwerden. Daher scheint die von vielen Ärzten vorgeschriebene Diätkost meist nicht erforderlich zu sein, da die Ursache des Leidens nicht in einer falschen Ernährungsweise zu suchen ist. Wohl kann die Diät vorübergehend eine Übersäuerung des Magens bremsen, braucht allerdings nach Einsicht der Zusammenhänge und nach veränderter Einstellung zum Problem nicht fortgesetzt zu werden.

Einer meiner Nachbarn erhielt zum Jahresende die Wohnungskündigung. Nur wenige Tage später, ausgerechnet in der Silve-

sternacht, mußte er sich wegen Magenblutung in ein Kranken-
haus begeben. Ein innerhalb weniger Stunden entstandenes Geschwür platzte auf. Deutlicher kann wohl der Zusammenhang
zwischen dem bevorstehenden Trennungserlebnis (Kündigung)
und der Geschwürbildung nicht gesehen werden.

Bauchbeschwerden und Völlegefühl

Wie wir aus der Abbildung 2 ersehen können, stehen die Verdauungsorgane untereinander in Beziehung. Magen, Darm,
Galle, Leber und Bauchspeicheldrüse arbeiten Hand in Hand. Ist
eines der Organe gestört, so schlägt sich das auf die benachbarten
nieder. Die Folge sind Blähungen, Völlegefühl, Bauchschmerzen
und allgemeines Unwohlsein bis hin zum gestörten Stuhlgang.
Das gesamte Verdauungssystem wird gleichzeitig erfaßt.
Druck-, Spannungs- und Völlegefühl werden durch Erregung,
Ärger, Ängste, aber auch große Freude ausgelöst. Ein Kontrast-
einlauf, der zur Klärung organischer Defekte durchgeführt wird,
bringt meist keinen objektiven Befund. Die seelische Ursache
liegt hauptsächlich in der Überempfindlichkeit gegenüber Enttäuschungen, in einer versteckten und oft nicht bewußten Abhängigkeit von der Umwelt sowie in einem hohen Anlehnungsbedürfnis. Bevorzugt pflegt der Patient zu solchen Menschen
Beziehungen, die ihm Geborgenheit und Anerkennung vermitteln. So ist er denn auch kaum imstande, Trennung oder Verlust
einer zwischenmenschlichen Beziehung zu verkraften. Ein weiteres Problem ist seine Unfähigkeit, seinen Konflikt zu benennen,
seine Wünsche auszudrücken.
So manifestiert sich die Ohnmacht seiner Wünsche in der Macht
seiner Bauchbeschwerden. Die Aggressionen sind gehemmt;
diese psychische Verkrampfung drückt sich aus in der körperlichen Verkrampfung.
Trotz seiner Schmerzen, die er wegen der hohen Leistungsforde-
rung hat, ist er nicht in der Lage, Rücksicht zu fordern. In fast
masochistischer Selbstquälerei bleibt er allen Beschwerden zum
Trotz leistungswillig, obgleich er seinen Leidenszustand mit
großer Aufmerksamkeit beobachtet. Oft stellt sich später die
Furcht vor einer Krebserkrankung ein, die dann nicht selten

tatsächlich zu einer Geschwulstbildung führen kann. Ein Zusammenhang zwischen möglichen unterdrückten Aggressionen gegenüber Verwandten, Vorgesetzten oder Kollegen und den Bauchbeschwerden wird meist nicht gesehen oder eingesehen. Was kann getan werden? Diätkost ist wenig sinnvoll, da sie keinen Einfluß hat auf die Symptomatik. Spasmolytika (Entkrampfungsmittel) und Psychopharmaka sind vorübergehend angezeigt; hier hat sich das Medikament »Femkalon« gut bewährt, das in den Apotheken rezeptfrei erhältlich ist. Auf Dauer jedoch sind psychotherapeutische Maßnahmen erforderlich: In Gesprächen muß der verdrängte seelische Inhalt der körperlichen Störungen aufgedeckt werden. Ängste und Beunruhigungen, die die körperlichen Symptome begleiten, sollten bagatellisiert werden, da sie nur eine Verschlimmerung des Zustandes herbeiführen. Das Autogene Training ist eine zusätzliche hilfreiche Methode, die auch als Vorbeugung gegen die häufigen Rückfälle angewandt werden

Abb. 2. *Verdauungsorgane*

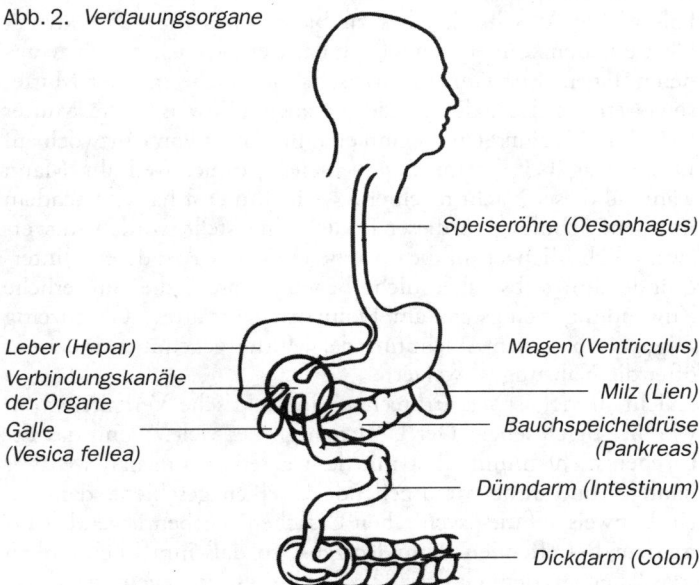

Speiseröhre (Oesophagus)

Leber (Hepar)

Verbindungskanäle der Organe

Galle (Vesica fellea)

Magen (Ventriculus)

Milz (Lien)

Bauchspeicheldrüse (Pankreas)

Dünndarm (Intestinum)

Dickdarm (Colon)

sollte. Hier hat sich die Wärme-Übung bewährt mit der Formel
»Magen-Darm-Bereich strömend warm und weit. Alles entspannt. Ärger und Ängste gleichgültig. Magen und Darm ganz
warm.«

Erbrechen

Der achtjährige Michael hatte seit Monaten die Angewohnheit,
regelmäßig Donnerstag morgens vor Schulbeginn zu erbrechen
und somit den Schulbesuch für diesen Tag zu verhindern. Alles
Zureden half nichts; sämtliche pädagogischen Tricks waren erfolglos. Er blieb dann meistens im Bett liegen, verweigerte auch
mittags die Nahrung, um dann aber am Abend ungeheure Mengen Süßigkeiten zu verschlingen, die ihm die Mutter gab, um das
»arme Würmchen« zu trösten.
Dieses bei Kindern an sich nicht ungewöhnliche Verhalten wäre
nicht weiter problematisch gewesen, wenn es nicht so regelmäßig
am Donnerstag aufgetreten wäre. Der Stundenplan schien jedenfalls nichts Aufschlußreiches zu bieten, was diese Periodizität
hätte erklären können; schließlich hatte er die Fächer auch an anderen Tagen. Erst einige analytische Gespräche mit der Mutter
sowie etliche Tests des Kindes ergaben Hinweise: Die Mutter
hatte ihm bis zum Schulbeginn erlaubt, daß er von Mittwoch auf
Donnerstag bei ihr im Bett schlafen könne, weil ihr Mann
während dieser Nacht regelmäßig Schichtdienst hatte. Nachdem
mit dem Schulbeginn dieser Brauch eingestellt worden war, er-
zwang sich Michael auf die oben beschriebene Art, deren Hintergründe ihm selbst aber nicht bewußt waren, die mütterliche
Zuwendung wenigstens am Donnerstagvormittag. Gleichzeitig
zeigte er aber auch Ablehnung der Mutter gegenüber, indem er
öfter die Nahrung verweigerte.
  Nicht immer ist das Erbrechen eine taktische Verhaltensform
wie hier beschrieben. Der Ursachen gibt es viele. Wenn das Erbrechen nicht unmittelbar mit dem Essen zu tun hat, wenn es
häufiger und ohne vorausgehende Übelkeit geschieht, dann ist
ein Hinweis auf die psychischen Ursachen gegeben. Irgend etwas
ist dem Betreffenden »zum Kotzen«, so daß ihm buchstäblich
»das Essen aus dem Gesicht fällt«. Er protestiert gegen irgendeine

Maßnahme, die einen autoritären Hintergrund hat. Das Verweigern der Nahrung ist als emotionale Abwehrhaltung zu deuten insofern, als die mit der Nahrungsaufnahme gekoppelte soziale Bindung (Gefüttertwerden = Geliebtwerden) abgelehnt wird. Da die Liebe durch den Magen geht, kann eine gestörte zwischenmenschliche Beziehung, also eine unverdaute Problematik, sich weigern, durch den Magen zu gehen. Sie kommt hoch.

Häufig ist das Erbrechen bei Jugendlichen zu beobachten, die autoritäre, überbesorgte Eltern haben. So ist es möglich, daß diese ihre Kinder zu einem Beruf drängen, den die Kinder ablehnen. Entweder protestieren die so Bedrängten vorzeitig, was sich durch Ablehnung der Nahrung äußern kann, oder sie verraten später nach der Ergreifung des Berufs die damit verbundenen Ängste und Überforderungen.

Ich möchte hier noch einmal zurückblenden zu den Eßgewohnheiten. Das trickreiche Spiel »Eins für Papa, eins für Mama«, mit dem die Mutter unliebsame Speisen in den Kindermund schieben kann, setzt in auffallender Weise die Nahrungsaufnahme gleich mit Gehorsam, Gefälligkeit, Liebe und Dankbarkeit. Die gesamte Emotionalität des Kindes wird hier gefordert. So betrachtet ist das Erbrechen die (psycho-)logische Folge einer gestörten Emotionalität mit dem Resultat: »Keins für Papa, keins für Mama«.

Nun wäre es falsch, wollte man immer die elterliche Autorität angreifen und in Frage stellen. Erbrechen kann auch Protestäußerung gegenüber einer unerträglichen beruflichen oder gesellschaftlichen Situation sein. So kämpfte eine junge Dame erfolglos mit Medikamenten gegen ihre wiederholten morgendlichen Brechreize an. Im Gespräch kam dann der verborgene Grund zutage: Sie stand unmittelbar vor der Heirat mit einem jungen Mann aus einfachen, ländlichen Verhältnissen; doch sträubte sie sich zunehmend gegen diese Verbindung, die ihr Gewissensprobleme verschaffte: Sie war der Meinung, daß sie die Beziehung, die sie nun einmal begonnen hatte, auch zu Ende führen müsse. Ihr Magen rebellierte stellvertretend für sie gegen die eigene, hohe moralische Auffassung. Er drehte sich buchstäblich um.

Das Schwangerschaftserbrechen *könnte* demzufolge etwas mit einer unbewußten Ablehnung des Kindes zu tun haben. Hier muß aber erst der organische Befund erklärt werden, ehe man an eine derartige massive Deutung herangeht.

Weitere Ursachen können sein: Erbrechen als Begleitsymptom bei Migräne, vor allem bei Kindern und Jugendlichen bei Gehirnerschütterung und Gehirnhautentzündung. Das Erbrechen als typisches Symptom der Magersucht ist in einem eigenen Kapitel beschrieben.

Zur Therapie: Es ist klar, daß psychisch bedingtes Erbrechen verschwindet, sobald die Ursache geklärt und behoben ist. Hierbei hilft der therapeutisch arbeitende Psychologe. Organisch bedingtes Erbrechen bedarf zweifellos ärztlicher Hilfe.

Durchfall

Zwischen dem psychogenen Durchfallsleiden und der Dickdarmerkrankung (Colitis ulcerosa) bestehen fließende Übergänge. Es ist also erforderlich, eine sorgfältige Diagnose stellen zu lassen, um die richtige Therapie anzugehen. Der psychische Grund der Diarrhoe, wie der chronische Durchfall heißt, ist die Enttäuschung oraler Abhängigkeitswünsche. Das bedarf einer Erläuterung: Das Kleinkind erfährt die elterliche Liebe vor allem in der Nahrungszufuhr (oral = den Mund betreffend). Es ist also abhängig von deren Fürsorge und Verwöhnung. Allmählich entsteht im Lauf der Jahre eine zunehmende Suche nach solcher Verwöhnung, die denn auch tatsächlich durch weitere Erziehungsfehler gefördert wird, etwa indem die Eltern manche Mühe dem Kind abnehmen und so zur Unselbständigkeit erziehen. Wird nun eines Tages jener Verwöhnungsanspruch des Kindes abgelehnt, weigert sich also ein Elternteil oder der Ehepartner, zu bemuttern und zu dienen, dann streikt der Betreffende, indem er symbolisch und natürlich unbewußt das Gegessene rasch wieder ausscheidet, sozusagen wieder zurückgibt.

Mit seiner Enttäuschung sind auch Schuldgefühle verbunden, die er wiedergutmachen will. Seine Schuldgefühle rühren vom Konflikt her, genau zu wissen, kein Anrecht mehr auf Bemutterung und Versklavung der Angehörigen zu haben, gleichzeitig jedoch nicht dagegen angehen zu können. Und so gibt er seine Nahrung wieder her als Geschenk, so wie er einst als Kind auf

dem Töpfchen der Mutter die größte Freude machen konnte, wenn er rasch und regelmäßig seine »Bescherung« hergab.
So ist der Durchfallpatient überfordert und ängstlich. Er glaubt, überall durchzufallen und hofft, durch Hingabe und Schenken die notwendige Anerkennung zu finden. Betrachtet man das Märchen »Goldesel streck dich«, dann läßt sich ohne weiteres eine Verbindung zum Geld herstellen. Geld stinkt nicht. Die Patienten sind meist unfähig, mit ihrem Geld und Besitz richtig umzugehen. Sowohl das Fordern als auch das Zusammenhalten des Geldes ist ihnen zuwider. Ebenso ist ihnen eine vernünftige Zeiteinteilung unmöglich. »Zeit ist Geld« sagen wir, und »Ich habe keine Zeit« wird zunehmend zu einer verräterischen Floskel. Möglicherweise wurde dem Durchfallpatienten in seiner Kindheit nur unregelmäßig Taschengeld gegeben, vielleicht sogar wieder zurückverlangt. Die Mütter solcher Kranken sind meist überfordernd, streng, ängstlich, sauberkeitsfanatisch und pedantisch. Selbst wenn die ursächliche Angst verschwunden ist, dauert der chronische Durchfall noch länger an, weil die auslösende Angst geblieben ist, nämlich die Angst vor dem Durchfall. Bekanntlich produziert die Angst das, was man befürchtet. So ist die Diät, die manche Ärzte verschreiben, erfolglos. Es gibt genügend Beispiele dafür, daß der Durchfall ausbleibt bei Mißachtung aller Diätvorschriften, wenn man mit Freunden in vergnügter Runde sitzt und kurzfristig von seinen heimlichen Ängsten abgelenkt wird.
Der Durchfallpatient fühlt sich überfordert und allein. Strenge Erziehung, Mangel an Rückzugsmöglichkeiten, oft auch unregelmäßige Auszahlung des Taschengeldes können dem zugrundeliegen. In manchen Fällen war das Kind unerwünscht, oder Loslassen und Annehmen standen in keinem vernünftigen Verhältnis zueinander.
Es wäre kurzsichtig und naiv anzunehmen, es gäbe keine seelische Ursache für das Leiden, nur weil die Frage nach seelischen Spannungen verneint werden kann. Eine Therapie ist daher auch schwierig und langwierig. Sie besteht ausnahmslos in der Bewußtmachung der versteckten Motive, in der Änderung der Lebenssituation oder seiner Ansprüche. Eine Entspannungstechnik wie das Autogene Training, Yoga oder Muskelentspannung ist neben der medikamentösen Hilfe nur begleitend einzusetzen. Kann der

Arzt keine organischen Gründe finden, sollte der klinisch oder analytisch arbeitende Psychologe aufgesucht werden. Auskünfte geben das Branchenverzeichnis und die Berufsverbände.

Verstopfung

Der 16jährige Bernd kam zu mir in die Praxis wegen einer Waschzwangneurose, die er schon seit dem 8. Lebensjahr mit sich herumschleppte. Er mußte täglich übertrieben oft und lang seine Hände waschen, so daß er kaum noch zu einem kontinuierlichen Arbeiten kam. Außerdem hatte er täglich pünktlich um halb fünf seinen Stuhlgang, für seine Mutter eine erfreuliche Regelmäßigkeit, die fast zehn Jahre lang vermißt wurde, da Bernd unter einer chronischen Verstopfung litt.

Seit seinem 2. Lebensjahr wurde er von seiner Mutter zu einem regelmäßigen Stuhlgang angeleitet, fast genötigt, weil die Mutter selbst unter Verstopfung litt und bei ihrem Sprößling vorbeugende Maßnahmen ergreifen wollte. Doch stellte sich prompt nach dem vierten Lebensjahr die erste Schwierigkeit mit dem Stuhlgang ein, was die besorgte Mutter durch verschärfte Reinlichkeitserziehung zu beseitigen versuchte. Bernd begann nun, immer häufiger seine Hände zu waschen und einen auffälligen, pedantischen Sauberkeitskult zu pflegen. Alles, was ihn beschmutzte, mied er und geriet jedesmal in unruhige Besorgnis, wenn seine Haare, Hände oder Kleidung unsauber waren. Er war immer korrekt gekleidet, entwickelte sich zu einem ängstlichen, kontaktscheuen, doch sehr strebsamen Schüler und zeigte zunehmend geizige Verhaltensformen. Sein ganzes Denken war ausgerichtet auf den »Halb-fünf-Uhr-Stuhl«, der ihn auch daran hinderte, Einladungen um diese Zeit anzunehmen oder Besuche zu machen, weil dieses Zwangsritual ihm peinlich war. Eine langwierige Behandlung, an der auch seine Mutter teilnahm, vermochte diesen pedantischen Umgang mit dem Stuhl ein bißchen zu lockern. Heute kann er die Zeit seines Stuhlgangs selbst bestimmen; dadurch, daß er inzwischen aus der Wohnung seiner Mutter ausgezogen ist, bleibt die ärgerliche Kontrolle seiner Mutter aus, die ja durch eine entsprechende Erziehung und Angstübertragung jene Verstopfung und Putzsucht verursacht hat.

Dieses Beispiel zeigt sämtliche psychosozialen Elemente auf, die hinter einer Verstopfung (Obstipation) stecken können. Abgesehen vom Darmverschluß, Bauchfellentzündung, falscher Eßgewohnheit u. a., die eine Verstopfung auslösen können, hat die chronische Obstipation wohl eher seelische Ursachen. Sie findet sich vorwiegend bei Menschen, die unter depressiven Verstimmungen leiden, äußerlich ruhig, innerlich gespannt sind. Im Unterschied zu den Durchfallpatienten, die mit Geld und Zeit recht verschwenderisch umgehen, zeigen die Verstopfungspatienten geizige, sparsame Tendenzen. Sie sind aggressiv und ordnungsliebend, fast pedantisch; sie halten angstvoll zurück, was ihnen einmal gegeben wurde, was sie einmal erworben haben. Dieser Geiz überträgt sich auf den Stuhl, den sie zurückhalten, weil sie diesen sowohl als schmutzig und unästhetisch empfinden als auch als schuldhaft und verunreinigend.

Typischerweise wollen diese Menschen, meist Frauen, unbedingt eine bestimmte Aufgabe erfüllen, auch wenn sie den gestellten Anforderungen nicht gewachsen sind. Sie halten durch, trotzig und ängstlich zugleich, nach Selbstbestätigung suchend. Die Angst vor Verlust und Verausgabung spielt hierbei ebenfalls eine unbewußte Rolle: Nichts soll herausgerückt werden. Die psychologische Bedeutung der Sauberkeitserziehung bricht hier durch: Ist ein Kind trotzig oder verängstigt, kann es seinen Stuhl verweigern und somit seiner Mutter Enttäuschung bereiten. Nun scheint es, daß Angst sowohl Durchfall als auch Verstopfung verursacht. Dennoch ist die Art der Angst verschieden, hier aggressiv gefärbt (Durchfall), dort depressiv gefärbt (Verstopfung).

Eine Frau mit Obstipation träumte nach der vierten Sitzung: Sie sitzt allein im Wartezimmer und muß dem plötzlich eintretenden Stuhldrang nachgeben, so daß sie den ganzen Boden mit ihrem Stuhl beschmiert. Da tritt der Arzt ins Zimmer; sie wird wach.

Die Patientin deutete ihren Traum dahingehend, daß sie Schwierigkeiten hat, sich selbst loszulassen. Besitzdrang und Geiz waren ihr zu eigen. Sie sah ein, daß sie ihren analen Charakter aufgeben mußte, sonst würde sie noch in ihrem Geld (= Kot) ersticken.

Natürlich ist die Ursache der Obstipation nicht immer seelischen Charakters. Infektuöse Darmerkrankungen, Überfunktion der Nebenschilddrüse, Bauchfellentzündung, Kaliummangel können

Verstopfung zur Folge haben. Die Einnahme üblicher Abführmittel ist hierbei bedenklich, weil sie die Darmschleimhaut zusätzlich reizt und weil sie zur Gewöhnung wird. Das befreiende Aufsuchen des stillen Örtchens, das keineswegs täglich vollzogen werden muß, läßt sich nämlich bald nur noch durch dauernde Steigerung der Medikamentendosis erreichen. Der Darm wird immer träger; Salz- und Kaliumverlust stellt sich ein; Herzmuskel und Nierenkanäle werden angegriffen. Mitunter stellen sich Lähmungen an Armen und Beinen ein. Der erwünschte Effekt wird also durch die regelmäßige Einnahme von Abführmitteln nicht erreicht. Diesbezügliche Märchen sollten endlich einmal aus der Welt geschafft werden: Abführmittel reinigen nicht das Blut. Das erledigen Leber und Nieren. Sie machen nicht schlanker. Täglicher Stuhlgang ist keineswegs erforderlich; auch erzeugt der im Darm weilende Stuhl keine Pickel, wie manche glauben. Diesbezügliche Werbungsmache betreibt Irreführung. Ständige Einnahme von Abführmitteln kann sogar zu Krebserkrankungen führen.

Besser ist es, die Ernährung zu überprüfen, Sport zu treiben und den Anteil der seelischen Ursache aufzudecken. Weizenkleie, Leinsamen, Obst, Gemüse, Vollkornbrot – also Ballaststoffe – helfen bei Verdauungsschwierigkeiten. Eine Hingabeübung wie das Autogene Training ist immer zu empfehlen und erreicht über den Weg der Wärmezufuhr und körperlich-seelischen Entspannung einen natürlichen Stuhlgang.

2. Störungen der Atmung

Atmung und Leben sind identisch. In vielen Sprachen sind die Begriffe Atem, Leben, Geist und Seele verwandt; im Alten Testament wird berichtet, wie Gott Odem in die Nasen des Menschen bläst, und der Mensch wurde so eine lebendige Seele.

Beim Atmen werden Stoffe gewechselt: Es treibt Sauerstoff rein und Kohlendioxyd raus. Wer allerdings in einer versmogten Stadt leben muß, bekommt Schwierigkeiten mit diesem Stoffwechsel. Im Normalfall macht der Mensch ungefähr zwanzig Atemzüge in der Minute und entnimmt dem Sauerstoff genau 5 % auf einen Atemzug, wobei er wieder 5 % Kohlendioxyd abgibt. Die verschmutzte Luft hingegen bietet diese Werte nicht mehr an, so daß ein Ersticken auf Sparflamme die Folge ist. In der Tat atmet der Großstadtmensch mehr Dioxyd ein, als ihm guttut. Infolge seiner sitzenden und mehr bewegungsarmen Tätigkeit bleibt seine Atmung flach und erreicht nur noch zehn bis zwölf Atemzüge pro Minute. Die Folgen sind eine zunehmende Ermüdung, Konzentrationsschwäche, Husten und Erkältungskrankheiten. Hier sind vor allem die Büromenschen, die Bewegungsfaulen, die Asthmatiker, Raucher, Trinker und Übergewichtigen zu nennen, die einen gestörten Stoffwechsel aufweisen.

Die Atmung geht zwar automatisch vor sich, kann aber durch Streßfaktoren ungünstig beeinflußt werden. Da sie eine passive Handlung ist, die das Geschehenlassen und unbeeinflußte Strömenlassen betont, reagiert sie empfindlich auf nervöses Kontrollieren. Die autogene Formel »Es atmet mich« weist schon auf die Passivität hin.

Jeder Mensch hat eine persönliche Form der Atmung, so wie jeder seine persönliche Handschrift hat. Spannung, Erregung, Angst, Freude und Ärger drücken sich in der Stimme aus, die von der Atmung getragen wird. Chronische Störungen der Atmung können also auch von seelischer Verfassung verursacht sein; sie sind begleitet von Kopfschmerzen, Schwindelgefühlen, Müdigkeit. Bei überhöhter Atmung (Hyperventilation) kommt es zu Tetanie, zu einem Starrkrampf in den Extremitäten, zu Angst und Herzstechen. Der Betreffende leidet ursächlich also unter Angstzuständen, etwa die Angst vor dem Alleinsein, vor dem Erdrücktwerden durch berufliche, familiäre oder finanzielle Nöte.

Andere haben das Gefühl, nicht richtig durchatmen zu können, so als läge ein Korsett um ihre Brust. Dieses Beklemmungsgefühl ist gelegentlich mit einer Herzneurose verbunden und zeigt sich bei Menschen, die in einem Spannungsverhältnis mit ihrem Partner stehen. Gelegentlich tritt dann auch die Angst auf, die Atmung könne in der Nacht stehenbleiben.

Unter den Patienten mit Platzangst (Agoraphobikern) finden sich häufig solche, die Angst davor haben, an bestimmten Plätzen keine Luft mehr zu bekommen. Eine Dame war schon seit Jahren nicht mehr in der Lage, Kaufhäuser, Kirchen, öffentliche Verkehrsmittel und menschenüberfüllte Plätze zu betreten. Jedesmal überkam sie ein Erstickungsanfall mit Globusgefühl im Hals. Sie wies eine auffallend zwanghafte Persönlichkeitsstruktur auf, war sehr ordnungsliebend und beherrscht. Erst eine verhaltens- und suggestionstherapeutische Behandlung, in der ich sie aufforderte, diese Plätze bewußt aufzusuchen mit der festen Absicht, einen Erstickungsanfall zu bekommen, befreite sie von ihrer Angst. Nicht immer greift diese paradoxe Methode. Sie kann die Angst sogar verstärken. Therapeut und Patient müssen herausfinden, welche »Tricks« und Therapieformen stimmig sind, also auf den Patienten passen. Deshalb wäre es wünschenswert, daß jeder Therapeut mehrere »Techniken« beherrscht, notfalls sich auch vom Gelernten löst, um originelle und kreative Wege zu gehen. Das erfordert allerdings vom Therapeuten bisweilen den Mut, sich in den Augen seiner Kollegen »unwissenschaftlich« zu verhalten. Berufserfahrung und die Bereitschaft, sich gänzlich in den Patienten hineinzuversetzen, machen es möglich.

Jeder kann seine Atmung auf einfache Weise kontrollieren: Man nehme einen Plastikbeutel (ca. 17 x 24 cm), streife ihn mehrmals glatt, damit die Luft entweicht, und puste wie in eine Papiertüte kräftig hinein. Dabei soll nicht eigens tief Luft geholt werden, sondern der normale Atemzug. Die Tüte muß bei normaler, gesunder Atmung prallvoll sein. Wenn man jetzt einatmet, leert sich die Tüte wieder. Wer diese Übung täglich einige Minuten lang macht, beeinflußt seine Atmung auf positive Weise.

Natürlich sind frische Luft, Training der Bauchatmung, regelmäßige körperliche Anstrengungen (Treppenlaufen, Schwimmen, Radfahren) sowie der Schlaf in einem kühlen Raum weitere Hilfen für eine gesunde Atmung.

Asthma bronchiale

Der Asthmatiker hat große Not, seine in Mengen eingeatmete Luft wieder loszuwerden. Wer einmal einem solchen Kranken zugeschaut hat, weiß, was Atemnot bedeutet: die Bronchialmuskulatur verkrampft sich, ebenso das Zwerchfell; die Lungen sind blutüberfüllt, die Schleimhäute schwellen an und verlieren durch Entzündung die für den Schleimtransport wichtigen Flimmerzellen. Schließlich kommt es zu vernehmbaren Rasselgeräuschen beim Atmen, zu einem beängstigenden Japsen.

Der Patient bemüht sich fälschlicherweise darum, aus dem passiven Atemvorgang einen aktiven zu machen, also seine Luft wieder auszupressen, was ihm nur unter großen Anstrengungen gelingt. Doch ist die Frage zu stellen, wo liegt hier der psychische Hintergrund dieser Atemnot? Gibt es typische seelische Störungen, die einen derartigen Anfall begründen, wenn von rein allergischen oder infektuösen Ursachen abgesehen werden kann?

Beobachtungen und Vergleiche unter Asthmatikern lassen darauf schließen, daß eine charakteristische Persönlichkeitsstruktur vorliegt. Der Asthmaleidende steht in ständiger Opposition zu irgendeinem bestimmten Vorfall oder Zustand in der zwischenmenschlichen Beziehung, ohne seine Aggressionen äußern und entladen zu können. Gleichzeitig ist er erzürnt darüber, daß er überhaupt einen Anfall bekommt; das macht ihn ärgerlich, worauf er sich wiederum ärgert. Atmen ist ein passives Geschehenlassen und Strömenlassen; da aber der Asthmatiker aufgrund seiner psychischen Situation nichts einfach geschehen lassen kann, wehrt er sich – allerdings erfolglos – dagegen; die Konsequenz: es verschlägt ihm buchstäblich den Atem. Es ist die mangelnde Toleranz, auch die fehlende Dynamik, die ihm auf die Brust drückt, ihn einschnürt und ersticken läßt.

Gleichzeitig leidet der Patient unter geringem Selbstwertgefühl, sieht sich rascher als andere in die Enge getrieben, ist ängstlich und depressiv. Hier sollte die gespielte Selbstsicherheit nicht täuschen, die so mancher Asthmatiker zeigt, um die tatsächliche Ohnmacht vor sich und der Umwelt zu verdecken. Häufig sind die Mütter solcher Patienten wesentlich beteiligt an der Entstehung der Krankheit: So wird der Anfall verglichen mit dem unterdrückten Schrei nach der Mutter. Typisch ist ja auch die Verstärkung der Ausatmung bei intensiver Kommunikation und beim Schreien. So kann der Asthmaanfall als Extrem dieser Verstärkung verstanden werden, der den Schrei nach der Mutter unterdrückt. Hier liegt also eine ambivalente (= doppelwertige) Mutterbeziehung vor, die ihre Ursache wiederum in der Ängstlichkeit der Mutter hat. Das bedarf einer Erläuterung: Die Mutter findet in ihrer Ehe oder in den anderen sozialen Kontakten nicht genügend Befriedigung, vielleicht weil sie dominieren möchte und damit auf Ablehnung stößt. So sucht sie ihre Befriedigung beim Kind, das sie verwöhnt und bemuttert, teils aus Angst um das Kind, teils aus Dominanzstreben. Sie bevormundet das Kind, macht es unselbständig und provoziert damit die Ablehnung durch das Kind. Unselbständig gemacht, ruft nun dieses Kind seine Mutter zu Hilfe, wehrt sich zugleich aber gegen jene Bevormundung, die mit dem Zuhilfekommen der Mutter verbunden ist. Die Mutterbindung ist somit ambivalent. Der Asthmaanfall ist also eine somatisierte, verkörperte Revolution gegen die erstickende Mutterliebe.

So ist der Patient erhöht emotional ansprechbar, reizbar und fordernd, fast egozentrisch. Gleichzeitig zeigt er angepaßtes, ehrgeiziges Verhalten.

Ich wurde einmal zu einem Patienten gerufen, der seit 15 Jahren unter schweren Asthmaanfällen litt. Als ich die Wohnung betrat, fiel mir die Enge der Zimmer auf, die Lieblosigkeit, mit der seine Verwandten ihn pflegten. Die Ehe ging schon lange nicht mehr gut; ursprünglich hatte er seine Frau aus Mitleid geheiratet. Die gesamte Physiognomie verriet Zorn, Bitterkeit und atemberaubende Beklommenheit. Mir wurde plötzlich klar, wie sehr unsere Redewendungen jenen Zustand der Atemnot charakterisieren: Dieser Mann mußte »seinem Ärger Luft machen«, konnte es aber nicht, da ihm »die Luft wegblieb«. Gewiß wollte er seiner Familie »etwas pusten«. Als ich die Wohnung verließ, mußte ich selbst erst einmal »tief Luft holen«, so bedrückend war mir die Atmosphäre erschienen.

Was ist zu tun? Ist das Asthma mit einer Allergie verbunden, so steht eine Desensibilisierung im Vordergrund. Auch Entkrampfungsmittel (Bronchospasmolytika) sind angeraten. In Fällen, in denen das seelische Moment besonders stark dahintersteht, vor allem bei Kindern und Jugendlichen, ist eine Elterntherapie, insbesondere die der Mutter, angezeigt. Natürlich sollen Atemübungen, Massagen der Bauchmuskeln und progressive Muskelentspannungen (vgl. Kap. V) durchgeführt werden. Das Autogene Training mit der Formel »Es atmet mich. Alles ist entspannt und gelöst. Bronchien frei und strömend warm.« muß regelmäßig geübt werden.

Im allgemeinen behalten ca. 40 % der Patienten ihre Symptome bei. Offenkundig ist die Mutter-Kind-Bindung sehr tiefsitzend und hartnäckig. Wesentlich erscheint mir die von vielen Ärzten als unsinnig oder töricht bezeichnete Bauchmuskelmassage, mit der ich schon bei schweren Asthmatikern Linderung erreichen konnte. Hierbei legt sich der Kranke flach, obgleich er das nicht gern tut. Nun massiert man von der Magengrube her über die seitlichen Bauchmuskeln, geduldig und langsam. Fühlt sich der Betroffene entspannter, kann zur Atemübung übergangen werden. Da Asthmatiker beim Einatmen die Brust hochziehen (sogenannte Schlüsselbeinatmung), muß der Brustkorb festgehalten werden. Jetzt muß die Bauch- oder Zwerchfellatmung geübt werden: Eins – einatmen, zwei – anhalten, drei – ausatmen, vier – anhalten und so fort. Aufgrund der suggestiven Wirkung, die bei dieser Behandlung ein wichtiges Element ist, sollte für solche Fälle ein Arzt, Atemtherapeut oder kundiger Psychotherapeut aufgesucht werden. Auch das Erlernen des Autogenen Trainings erfordert einen Fachmann, da beim Selbsttraining die Kontrolle fehlt und typische Fehler eingeübt werden, die Kopfschmerzen, Oberarmschmerzen und Schwindelgefühle verursachen können.

Bei erwachsenen Patienten mit psychologenem Asthma steht die Bewußtmachung der Hintergründe an. Auch wenn diese seelischen Faktoren aufgedeckt und mögliche Allergieauslöser erkannt sind, bleibt mitunter das Asthma weiterbestehen, weil es sich automatisiert hat. Eine völlige Heilung ist daher selten.

Husten und Bronchitis

Ein Mensch, der ständig hüstelt oder gar lautstark hustet, drückt damit irgendeinen Protest aus, den er durch Worte nicht zu formulieren vermag. Er will »einem was husten«, ist aber nicht in der Lage, die Aggressionen auszusprechen. Wohlgemerkt, es handelt sich hierbei um den regelmäßigen Husten, der unüberhörbar die Umgebung stört, der oftmals nur nachts ausbricht und sich erfolgreich gegen die Therapie durchsetzt.

Während der normale, gelegentliche Hustenanfall Fremdkörper aus der Luftröhre schleudern will oder einfach nur eine kurzfristige Infektion darstellt, will dieser symbolische Husten innere, als fremd empfundene Strebungen ausstoßen. Ein Lehrer fiel

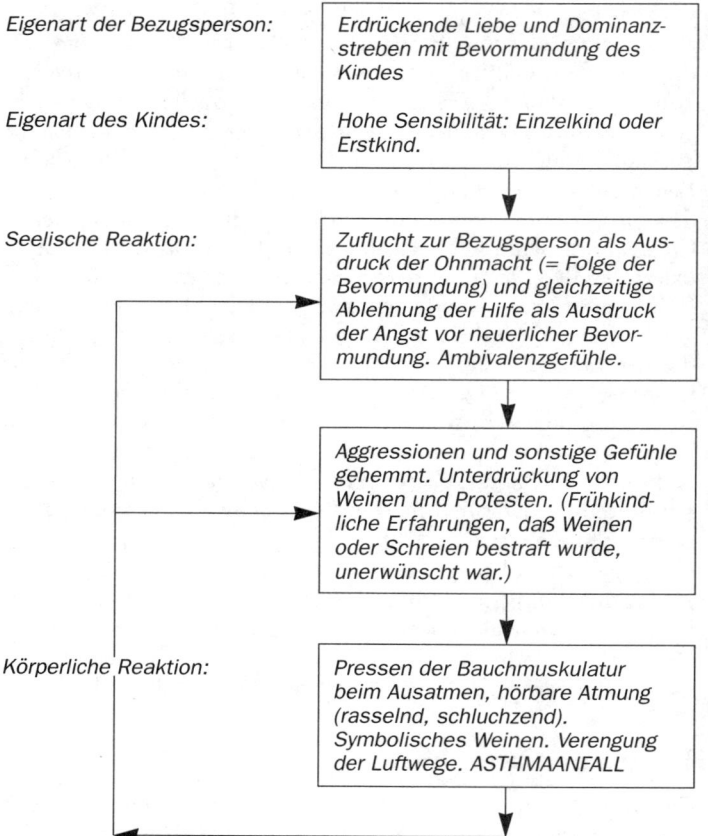

Eigenart der Bezugsperson: Erdrückende Liebe und Dominanz-streben mit Bevormundung des Kindes

Eigenart des Kindes: Hohe Sensibilität: Einzelkind oder Erstkind.

Seelische Reaktion: Zuflucht zur Bezugsperson als Aus-druck der Ohnmacht (= Folge der Bevormundung) und gleichzeitige Ablehnung der Hilfe als Ausdruck der Angst vor neuerlicher Bevor-mundung. Ambivalenzgefühle.

Aggressionen und sonstige Gefühle gehemmt. Unterdrückung von Weinen und Protesten. (Frühkind-liche Erfahrungen, daß Weinen oder Schreien bestraft wurde, unerwünscht war.)

Körperliche Reaktion: Pressen der Bauchmuskulatur beim Ausatmen, hörbare Atmung (rasselnd, schluchzend). Symbolisches Weinen. Verengung der Luftwege. ASTHMAANFALL

Abb. 3. *Entstehung des Asthmaanfalls.*
Kreislauf zwischen gestörter Kommunikation, Unterdrückung von Ge-fühlen und veränderter Atmung

einem Kollegen dadurch auf, daß er sich immer bei Anwesenheit des Vorgesetzten räusperte und hüstelte. Es entwickelte sich fol-gender Dialog:
»Herr Kollege, warum räuspern Sie sich so oft? Wollen Sie dem

Chef was husten?«
»Wie kommen Sie denn darauf?«
»Nun, mir fällt seit Wochen schon auf, daß Sie immer dann husten, wenn der Chef im Raum ist. Sagen Sie ihm doch endlich, was Sie zu sagen haben!«
»Ich denke nicht daran. Der kann mich mal!«
»Na dann husten Sie halt weiter!«
Mitunter kommt es dabei zu einem Auswurf, der Ausdruck des Ekels oder der Feindseligkeit ist. Dieses Ausspucken kommt einem Anspucken gleich und signalisiert Verachtung, Trotz, Enttäuschung.
Eine solche Sekretion der Bronchien mit morgendlichem Auswurf deutet auf eine Bronchitis hin, deren chronischer Verlauf so gut wie unheilbar ist. Die Erkrankung der Atemwege kann durch Nikotin, Alkohol, Drogenkonsum oder Luftverschmutzung sowohl verursacht als auch verstärkt werden. Daher ist es nicht immer leicht, einen tatsächlichen seelischen Hintergrund zu erkennen, obgleich der Betroffene sehr rasch auf den möglichen, ihm bewußtseinsnahen Grund stößt, wenn er dahingehend befragt wird.
Noch nie kam ein Patient in meine psychologische Praxis wegen chronischer Hustenanfälle oder Bronchitis. Offenbar wird hierbei der seelische Anteil am allerwenigsten vermutet. Aber bei manchen Patienten fiel mir auf, daß ihr Leiden, derentwegen sie kamen, von einem lästigen Hüsteln oder asthmatischen Pfeifton begleitet wurde. War es Protest gegen die seelische Erkrankung, beispielsweise vegetative Dystonie? War es eine zufällige Infektion, etwa eine Berufskrankheit wie die Staublunge? War es begleitender Ausdruck eines Protests? Diese Fragen weisen auf die Schwierigkeiten hin, die mit der Diagnosestellung und Therapie verbunden sind.
Es ist klar, daß bei einem Symbolhusten die Ursache zu suchen ist und der Patient zum verbalen Protest befähigt werden muß. Die chronische Bronchitis ist durch Atemübungen, Rauchverbot, Alkoholeinschränkung, Änderung des Lebensstils, notfalls auch durch Wohnungs- und Klimawechsel, kombiniert mit medikamentöser Behandlung, anzugehen, obgleich eine völlige Heilung meist nicht erreicht wird.

Seufzeratmen

Bei der Seufzeratmung wird die normale Atmung immer wieder unterbrochen von einem tiefen, hörbaren Luftholen und Ausatmen. Jeder Laie erahnt hier den Zusammenhang zwischen seelischer Ursache und körperlicher Symptomatik. Ein solcher Seufzer drückt Sorge und Belastung aus, kann aber auch Erleichterung signalisieren, wobei dann die Schultern befreit hinabsinken.

Der seufzende Mensch verrät Ohnmacht gegenüber der Welt mit all ihren unabänderlichen Hindernissen und Problemen. Seine Beziehung zur Welt ist belastet, nicht eine konkrete Beziehung zu Mitmenschen. Er hat das Empfinden, nicht vorwärtszukommen und seine Anstrengungen durch entsprechende Erfolge nicht ausgleichen zu können. So hält er buchstäblich inne und befreit sich durch einen tiefen Seufzer.

Da es ihm an der nötigen Gelassenheit fehlt, am positiven Denken und Selbstvertrauen, rate ich ihm, Entspannungstechniken wie Yoga oder Autogenes Training zu erlernen. Dadurch erhalten für ihn die Dinge einen anderen Stellenwert; er ist besser in der Lage, sich von bedrückenden Momenten zu befreien und gelassener auf Sorgen zu reagieren.

Nicht jeder mag Yoga. Und nicht jeder braucht es. Wer seine innere Ruhe und Gelassenheit im Glauben findet, wer sich von Gott getragen weiß, kann besser loslassen und den Geschehnissen in die Augen schauen. Manche sehen in den asiatischen Entspannungsübungen Selbsterlösungsstrategien und weisen sie weit von sich. Soweit Yoga einzig und allein der psychophysischen Entspannung dient, ist dagegen nichts einzuwenden.

3. Störungen im Kopfbereich

Der Kopf gilt als das Zentrum des Denkens und Wollens. Redewendungen wie »gelehriger Kopf«, »Dickschädel«, »Hohlkopf«,
»Denkerstirn« und »jemandem die Stirn bieten« bekräftigen diese
Auffassung. Gleichzeitig bietet er mit dem Gesicht eine vielfältige
Informationszentrale an: Gesichtsausdruck (Mimik) und Kno-
chenbau (Anatomie) signalisieren Empfindungen und Charakter-
strebungen, deren Gesetzesmäßigkeit von der Ausdruckspsycho-
logie untersucht wird.

Der Kopf ist sozusagen »Leuchtturm« für die Umwelt. Wer »im
Kopf nicht ganz richtig ist«, hat wesentliche geistige Funktionen
verloren, was mitunter auch seine Mimik verrät. Wem der
»Schädel brummt« oder wer »die Nase voll hat«, deutet damit an,
daß irgendwelche Anstrengungen Störungen verursacht haben.
Schmerzen im Kopfbereich weisen auf seelische Hintergründe
hin, angefangen bei den Halsschmerzen (Er hat einen dicken
Hals, ist halsstarrig, halst sich zuviel auf), Zahnentzündungen
(Unfähigkeit, die Zähne zu zeigen oder auf die Zähne zu beißen)
bis hin zum chronischen Schnupfen (Er ist verschnupft, hat die
Nase voll). Am häufigsten aber ist der Kopfschmerz, der seiner
Vielschichtigkeit wegen hier genauer beschrieben wird.

Kopfschmerz und Migräne

Das zunehmende Leistungsdenken unserer Gesellschaft bereitet
uns immer mehr Kopfschmerzen. Wir zerbrechen uns buchstäblich den Kopf darüber, wie wir zu noch mehr Erfolg und Wohlstand kommen« können, versteifen uns nicht selten auf fixe Ideen
und wundern uns dann noch über chronische Verkrampfungen
in der Hals-Nacken-Zone sowie über quälende Migräne, die uns
regelmäßig überfällt.

Der Kopfschmerz ist ein Signal für eine falsche Lebenseinstellung, sofern er nicht rein organischer Natur ist, beispielsweise
von einer Wirbelverklemmung oder von einem Tumor verursacht wird oder Folge einer chemischen Vergiftung ist wie durch
Natriumnitrit in der Wurst, Tyramin im Rotwein oder Glutamat
im chinesischen Essen. Unser Körper spricht in verschiedenen

Symbolen, die es zu entziffern gilt; so könnte der stechende Schmerz im Kopf ein Hinweis sein für »verbohrtes Denken«, für krampfhafte Versuche, gewisse, zu hoch gesteckte Ziele unbedingt erreichen zu wollen. Dahinter steckt also falscher Ehrgeiz.

Schon die Kinder, die an Kopfschmerzen leiden, zeigen ähnliche Symptome: Sie sind auffallend artig und brav, meist wenig mitteilsam und erstaunlich versessen auf die eigene Leistung. Das Verhältnis zu den Eltern ist schwankend; vielfach leiden sie zugleich an Schlafstörungen. Solchen Kindern – wie auch Erwachsenen – fehlt es an Liebe und emotionaler Zuwendung. Die Eltern dieser Kinder gehören meist zu den Leistungsmenschen, die ihren Sprößlingen unbewußt zu verstehen geben, daß sie durch Leistung und Erfolg Liebe und Anerkennung erwerben können. Angstgefühle, Zorn oder Enttäuschungen können zu Muskelverspannungen führen. Dabei verengen sich auch die feinen Blutgefäße im Kopf, so daß nicht ausreichend genug für eine Durchblutung gesorgt ist. Das erzeugt Schwindelgefühle und Benommenheit. Nun erhöht sich der Druck, indem das Herz stärker pumpt, um wieder genug Blut durch die Gefäße zu schicken. Dieser Vorgang überdehnt die Adern plötzlich; dabei drücken die überdehnten Gefäße gegen die benachbarten Nervengefäße und erzeugen Schmerz. Beim »Kater« ist es der Alkohol, der durch Verbrennung Hitze erzeugt und die Gefäße überdehnt. So kann also nur eine normal durchblutete Vene den Schmerz beseitigen. Das erreicht kurzfristig ein kalter Lappen auf dem Kopf, langfristig aber nur eine entsprechende gelassene und entspannte Haltung.

Wenn solche Spannungszustände andauern, können Kopfschmerzen chronisch werden. Meist sind sich die Betreffenden ihrer Spannungszustände nicht bewußt, so daß sie sich auch die damit verbundenen Schlafstörungen nicht erklären können.

Der Kopfschmerz, der durch Wetterfühligkeit verursacht wird, beruht auf der unterschiedlichen Ionisierung der Luft. Ionen sind elektrisch geladene Atome, die von Magnetfeldern beeinflußt werden und ihrerseits eine elektromagnetische Wirkung auf den Menschen ausüben. Hier sind vor allem sensible Personen betroffen, die auf solche atomare Luftveränderung mit Kopfschmerz reagieren, d. h. mit einem Überschuß an Serotonin im Blut. Serotonin verursacht Nervosität, Spannung, Migräne, Schlaflosigkeit und wird erzeugt im Gehirn, sobald die Atemluft zuviel positive Ionen beinhaltet.

Sowohl beim gewöhnlichen Kopfschmerz als auch beim halbseitig auftretenden, oft mit Erbrechen gekoppelten Schmerz, Migräne genannt, findet man seelische Spannungen als Ursache. So leidet der eine immer nur montags, der andere nur vor Prüfungen oder schweren Aufgaben an Schmerzen. Merkwürdigerweise werden intelligente Leute mehr befallen als dumme. Es scheint gerade so zu sein, als steige das Denken zu Kopf. Allgemein kann man sagen, daß der Kopfschmerz bei den intelligenten Menschen eher seelisch verursacht ist als bei den weniger intelligenten. Die Sensibilität und Einfühlsamkeit, die ein Teil der Intelligenz ist, wirkt bis in den körperlichen Bereich hinein.

Nach einem aufregenden Erlebnis, nach Ärger, nach Erschöpfungen oder in Verbindung mit Augenerkrankungen kann Kopfschmerz auftreten. Die Migräne läßt sich meist genau lokalisieren, findet sich häufig in der Augen-Stirn-Partie und tritt periodisch auf. Vergebens sucht der Patient nach Ursachen und Erklärungen; Probleme sucht er krampfhaft zu lösen, zugleich fürchtend, diese Lösung nicht zu finden. So bereitet ihm das Problem um die Lösung eines Problems Kopfschmerzen.

Andere werden getrieben vom Drang nach Erfolg; dahinter verbirgt sich der Wunsch, Liebe und Anerkennung zu bekommen. Diese Patienten besitzen ein mangelndes Selbstwertgefühl, sind auch kaum in der Lage, aggressive Gefühle zu zeigen und auszuleben. Ihr gesamter affektiver Bereich scheint blockiert zu sein. Die Probleme des Herzens steigen ihnen zu Kopf.

Gelegentlich benutzen die Betroffenen ihre Schmerzen als Machtmittel: Sie fordern damit Rücksicht von der Umwelt, erheischen so Mitleid und stellen sich in den Mittelpunkt des Interesses. Auf diese Weise erzwingen sie auf Umwegen die Zuwendung anderer, doch niemals echte Liebe. Im Grunde verdecken sie seelische Konflikte und mißbrauchen ihre Anfälle als willkommene Möglichkeit, die Familie zu beherrschen: »Nehmt bitte Rücksicht auf mich, ihr bringt mich sonst noch ins Grab!«

Zwischen Kopfschmerz- und Migränepatienten ist der seelische Hintergrund oftmals verschwommen bzw. überfließend. Auch die Migräne basiert auf Leistungsdenken. Ehrgeiz und Perfektionismus sind hier häufige Begleiterscheinungen. Die Wohnung muß pedantisch sauber sein; die abendliche Heimkehr der Kinder und des Ehepartners wird ängstlich erwartet und pünktlich gefordert. Zwangsneurotische Züge spielen mit, ebenso der angstvolle Gedanke, man könne den eigenen Anforderungen nicht gewachsen sein. Selbst Ruhepausen können solche Patienten kaum genießen, da sich gerade während solchen Entspannungszeiten wie Wochenende, Urlaub oder Feiertage die Migräne einstellt.

Dabei bringen die Migräne-Typen es oft sehr weit in ihrem Beruf. Sie erklimmen beachtliche Positionen, sind aber empfindlich gegenüber jeder Kritik, die sie auf sich persönlich beziehen. Sie überladen sich mit Arbeit und Verantwortung, können kaum »nein« sagen und ärgern sich darüber. Innerlich bleiben sie unsicher und können sich kaum ihrer Erfolge freuen, da schon das nächste Ziel vor Augen steht. Fast drängt sich die Vermutung auf, sie wollten sich für ihren unangemessenen Leistungsdruck und Ehrgeiz bestrafen.

Daß sie kaum fähig sind, sich einer Sache ungetrübt hingeben zu können, läßt möglicherweise darauf schließen, daß sie auch den Mitmenschen gegenüber hingabegestört sind. In der Tat kommt dies in den sexuellen Beziehungen bisweilen zum Ausdruck: ausgerechnet in solchen Momenten meldet sich wieder der Kopfschmerz. Vielleicht wird dieser Schmerz aber auch unbewußt arrangiert, um einer unangenehmen Situation ausweichen zu können: »Entschuldige bitte, aber meine Migräne ist wirklich unerträglich. Sei mir bitte nicht böse, aber ich kann heute nicht!«

Da es einfach und bequem ist, greifen hier viele Leute zu Tabletten. Aspirin® ist eines der meistgeschluckten Präparate; es mindert die Schmerzempfindlichkeit der Nerven, greift aber auf Dauer die Magenwände an und auch die Nieren.

Inzwischen wissen wir, daß Aspirin nicht nur Fieber senken, sondern auch Herzinfarkt, Schlaganfall sowie Krebserkrankungen vorbeugen kann. Allerdings führt ein ständiger Gebrauch von Aspirin zu Blutarmut und Ohrensausen. Da dieses Medikament

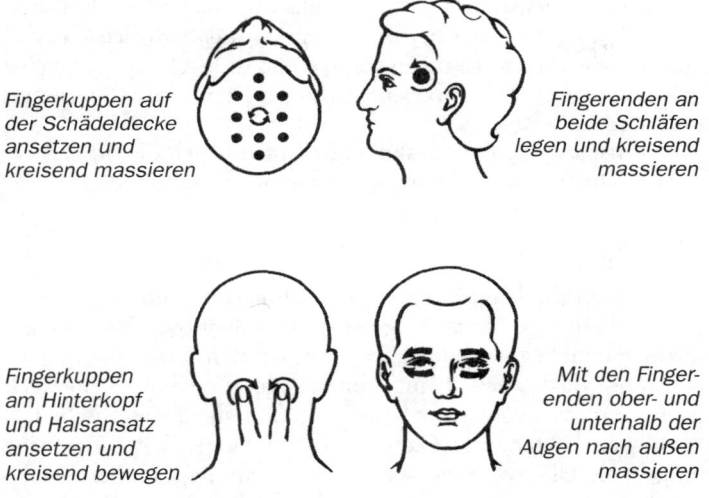

Fingerkuppen auf
der Schädeldecke
ansetzen und
kreisend massieren

Fingerenden an
beide Schläfen
legen und kreisend
massieren

Fingerkuppen
am Hinterkopf
und Halsansatz
ansetzen und
kreisend bewegen

Mit den Finger-
enden ober- und
unterhalb der
Augen nach außen
massieren

Abb. 4. *Massagestellen bei Kopfschmerzen (Akupressur)*

Vitamin C ausscheidet, bietet die pharmazeutische Industrie Aspirin® PLUS C an, was wiederum zu vermehrten Magenproblemen führt.

Wesentliche Hilfe kann ein aufdeckendes Gespräch geben, das sorgfältig die Lebenshaltung und Denkweise überprüft. Massagen in der Nackenzone, Gymnastik und frische Luft sind weitere Hilfen. Sehr gut bewährt hat sich die Akupressur, die Massage bestimmter Nervenstellen im Gesicht und am Kopf (siehe Abb. 4). Hierbei massiert der Betreffende mit seinen Fingerkuppen kreisend etwa zwei bis drei Minuten täglich die entsprechenden Stellen, wobei er in entspannter Lage verharrt. Besser ist es, die Massage wird von einer anderen Person vorgenommen. Da die in Abb. 4 angegebenen Punkte auch das allgemeine Wohlbefinden heben, ist die Massage dieser Stellen regelmäßig und unabhängig vom Schmerz zu empfehlen.

Das Autogene Training ist daneben eine wertvolle Unterstützung. Die Formel lautet: »Kopfschmerz gleichgültig. Kopf, Stirn und Nacken sind angenehm entspannt und frei. Jeder Atemzug bringt

Ruhe und Entspannung.« Da gerade Migränekranke dazu neigen, die Entspannung herbeizuzwingen, was natürlich das Gegenteil bewirkt, ist darauf zu achten, daß diese Übung möglichst passiv und eventuell mit leichter, ruhiger Musik im Hintergrund durchgeführt wird.

Zur Entspannung der Muskulatur empfiehlt sich die progressive Muskelentspannung, die im Kapitel V näher beschrieben ist.

Schnupfen

Eine Patientin klagte über Magenschmerzen und allgemeines Unwohlsein, das trotz längerer medikamentöser Behandlung nicht merklich zurückging. Der Arzt empfahl ihr das Autogene Training, doch auch damit kam sie nicht zurecht. Schließlich kam sie zu mir, von Verwandten geschickt, die eine seelische Ursache vermuteten. Der Gang zum Psychologen kostete sie eine ungeheure Überwindung, weil sie der Meinung war, dies sei eine Bankrotterklärung für ihre geistige Verfassung. Ich mußte sie also erst einmal beruhigen und darüber aufklären, daß der Psychologe kein »Irrenarzt« ist, und daß ihre Probleme völlig »normal« sind, da sie alltäglich vorkommen.

Das erste Gespräch ergab bereits etliche Aufschlüsse über die Ursachen ihrer Magenschmerzen. Während dieser und der folgenden Behandlungsstunden schnupfte sie immerzu, was sie zunächst nicht sonderlich beachtete, bis sie selbst einmal die Bemerkung machte, daß sie ihren Schnupfen nicht mehr losbekäme. Der Arzt meinte, es sei eine chronische Form des Schnupfens, wohl eine unausgeheilte Grippe, und verschrieb ihr homöopathische Mittel.

Im weiteren Gesprächsverlauf äußerte sie, daß der Schnupfen bzw. das »Hochziehen der Nase« am Arbeitsplatz stärker würde, am Abend zu Hause hingegen manchmal gänzlich verschwände. Ob das auch seelisch bedingt sei, fragte sie. In der Tat war es so. Die genaue Erforschung ihrer Lebensgeschichte brachte eine Fülle von Problemen zutage: So wurde sie von ihrer Mutter zum jetzigen Beruf der Sekretärin genötigt; ihren eigenen Wunsch, im sozialen Bereich tätig zu werden, mußte sie zurückstellen. Das Arbeitsklima gefiel ihr überhaupt nicht; der Chef sei »schmuddelig« und ein »aufdringlicher Lackaffe«; eine Kündigung habe sie schon lange erwogen, doch mit Rücksicht auf ihre Mutter nie ausgesprochen. So schluckte sie ihre täglichen Frustrationen, bekam Magenschmerzen und hatte vom Job die Nase voll. Sie konnte ihren Chef nicht mehr riechen.

Als ihr die Zusammenhänge klar wurden zwischen ihrer Krankheit und der beruflichen Situation, kündigte sie auf meinen Rat hin die Stelle als Sekretärin. Sie ließ sich umschulen zur Krankenpflegerin und verlor kurze Zeit darauf ihren lästigen Schnupfen (und damit auch ihre Magenschmerzen).

Nicht immer geht eine Therapie so glatt wie im vorliegenden Fall. Denn wer kann sich schon einen Berufs-, Orts- oder Wohnungswechsel leisten, der oftmals die einzige hilfreiche Heilbehandlung ist?

Dieses Beispiel ist nicht einmalig. In vielen Fällen, in denen der Schnupfen Begleit- oder Hauptsymptom ist, wird der seelische Hintergrund nicht erkannt, weil nicht vermutet und nie angesprochen. Der Schnupfen wird als Folge einer Erkältung gedeutet und entsprechend behandelt. Mitunter ist es also ratsam, lästiges Schnupfen und Schneuzen als ohnmächtigen Protest, als tiefe Betroffenheit oder »hochgezogenen« Ärger zu deuten. Vielleicht gibt es auch einen Zusammenhang zwischen dem frechen, ärgerlichen Benehmen eines Menschen und der Betitelung als »Rotznase«. Jedenfalls sollte man derartige Verbindungen nicht außer acht lassen.

Es liegt auf der Hand, daß erst die Aufdeckung der Hintergründe und eine entsprechende Situationsveränderung zum Verschwinden des Symptoms führen können.

Zahn- und Kiefererkrankungen

Was hat das seelische Befinden mit Zahnschmerzen zu tun? Die wenigsten vermuten hier einen Zusammenhang. Tatsächlich findet sich in den neuen Lehrbüchern der Psychosomatik nichts darüber.

Daß Zahnschmerzen die seelische Stimmung erheblich beeinflussen, vor allem, wenn sie sich am Samstagabend und im Urlaub einstellen, ist jedem klar. Daß aber umgekehrt gewisse see-

lische Verhaltensformen auf den Kauapparat Einfluß haben, ist weniger geläufig. Das aber möchte ich hier aufzeigen.
Mehrere Zahnärzte, die ich anrief, teilten mir mit,
– daß sich 90 Prozent der Bevölkerung in zahnärztlicher Behandlung befinden,
– daß davon die Hälfte (vorwiegend Kinder und Jugendliche) an Karies erkrankt ist,
– daß die andere Hälfte (Erwachsene) an Parodontose leidet, mitunter auch gleichzeitig an Kiefergelenkerkrankung.

Sie alle nehmen übereinstimmend an, daß sich hinter solchen Störungen seelische Probleme verbergen, die nicht unmittelbar, wohl aber mittelbar mit den genannten Erkrankungen zusammenhängen.
Zunächst einmal zur Karies. Sie ist eine Zerstörung des Zahnhartgewebes und des Zahnhalteapparates; begünstigt wird sie durch die allzuhäufige Zufuhr von Kohlehydraten, unter ihnen vor allem Zucker. Dieser entkalkt die äußere Schmelzschicht und gibt so eine Angriffsfläche für die Bakterien frei. Natürlich wird dieser Vorgang durch oberflächliches Zähneputzen noch beschleunigt.
Nun wissen wir, daß gerade Kinder und Jugendliche Zucker in Form von Süßigkeiten zu sich nehmen, besonders dann, wenn sie frustriert und enttäuscht sind. Sie greifen also zu einer mundbetonten Ersatzbefriedigung, um den Liebesmangel für kurze Augenblicke auszugleichen. Bonbons, Schokolade, Eis, Kaugummi, Cola und Limonade stehen hier an erster Stelle (vgl. hierzu Kapitel II).
So kann man also zu der vereinfachten Aussage kommen: Wer sich verlassen und unverstanden fühlt, greift häufiger zu süßen Nahrungsmitteln als Ersatz für die ausbleibende Belohnung und soziale Zuwendung. Somit setzt er sich häufiger der Gefahr aus, an Karies zu erkranken, die durch eine mangelhafte Gebißreinigung noch begünstigt wird. Oder noch einfacher ausgedrückt: Karies ist mit hoher Wahrscheinlichkeit die mittelbare Folge einer frustrierten Dauerstimmung.
Eine solche Vereinfachung provoziert Ablehnung. Schließlich leiden etliche Menschen, die sich unverstanden und mißachtet

fühlen, nicht an Karies; andere, die kaum Süßigkeiten essen, sind
ständig beim Zahnarzt. So darf denn auch die Möglichkeit einer
Vererbung bzw. Veranlagung nicht übersehen werden. Ich sagte
schon an anderer Stelle, daß sich die psychischen Konflikte
zunächst am schwächsten Körperteil auslassen...

Die zweite Volksseuche ist die Parodontose, der Zahnbett-
schwund, der die Zahnlockerung und schließlich den Zahnaus-
fall zur Folge hat. Die Parodontose wird in erster Linie durch eine
schlechte Zahnpflege verursacht. Zahnfleisch und Kieferknochen
werden schubweise abgebaut, wobei die Überlastung einzelner
Zähne eine weitere Ursache darstellt.

Der seelische Faktor, der hier an der Entstehung der Parodontose
mitbeteiligt ist, verbirgt sich meist hinter der Bequemlichkeit
bzw. Hektik, mit der der Betreffende an die Reinigung seiner
Zähne herangeht. Wer morgens zu spät aufsteht, muß sich spu-
ten. Er wird seine Zähne nur oberflächlich reinigen, im Durch-
schnitt noch keine Minute. Dabei sind 2–3 Minuten erforderlich. Wer abends müde ist, wird ebenfalls schludern. Hauptsache:
geputzt.

Viel auffälliger ist aber ein anderes Fehlverhalten, das die Parodontose verursachen kann: das nächtliche Zähneknirschen.
Dieses Knirschen ist ein Signal für verdrängte Aggressionen, die
tagsüber verborgen bleiben, des nachts aber zutagetreten. Dahinter steckt eine unterbewußte Verbissenheit, die auch in unseren
Redewendungen zum Ausdruck kommt: »auf die Zähne beißen«,
»jemanden die Zähne zeigen«, »sich an etwas die Zähne ausbeißen«. Verbissene, ehrgeizige Menschen, versteckt aggressive
oder übertrieben beherrschte Zeitgenossen neigen dazu, auf die
Zähne zu beißen und das Kiefergelenk zusammenzupressen. So
kommt es zu Abnutzungserscheinungen an den Backenzähnen,
mitunter auch zu Kiefergelenkerkrankungen. In meinen Kursen
für Autogenes Training beobachte ich immer wieder, daß eine
Reihe von Teilnehmern das Gebiß fest verschlossen hat, ohne
dies bewußt als Entspannungshemmnis zu verspüren. Erst im
nachhinein stellt sich dann heraus, daß jene »Verbissenheit« die
Ursache ihrer Einschlafstörung ist.

Nagelkauen und Daumenlutschen sind weitere Gründe für eine
Erkrankung der Zähne, wobei sich hierbei Gebißunregelmäßig-

keiten einstellen, also Schmalkiefer, Überbiß (die unteren oder oberen Schneidezähne ragen heraus) oder Deckbiß (die oberen Zähne sind nach innen geneigt). Mitunter sind auch Lippenbeißen, Zungenpressen und – als rein körperliche Ursache – rachitische Erkrankungen schuld am Fehlbiß.

Ein gesundes Gebiß ist in unserer Gesellschaft von großer Bedeutung. Es stärkt das Selbstvertrauen und erleichert die Kontaktaufnahme. Zerstörte, gelbe und kranke Zähne schlagen sich entsprechend auf das Gemüt des Betreffenden nieder. Unsere kaugummikauende Generation tut gut daran, zuckerfreie Ware zwischen die Zähne zu schieben. Der durch das Kauen erzeugte Speichel ist dann sogar ein Schutz gegen Karies. Viele benutzen den Kaugummi, um damit ihre Unsicherheit abzureagieren; die Gebißaktivität täuscht äußere Ruhe und Gelassenheit vor.

Wer für gesunde Zähne sorgen will, sollte die Einnahme von kohlehydratreicher Nahrung, vor allem Zucker, auf das Notwendige begrenzen; er sollte weiterhin aggressive Empfindungen rechtzeitig abbauen (vgl. Kap. V,3) und natürlich die Zähne regelmäßig und gründlich reinigen, immer von Rot nach Weiß, d. h. immer vom Zahnfleisch zur Zahnkrone – und zwar zuerst die oberen, dann die unteren Zähne, zuerst außen, dann innen; zum Schluß werden die Flächen der Backenzähne gereinigt. Nicht die Zahncreme entscheidet, sondern die Reinigungstechnik und -dauer.

4. Störungen der Blutgefäße

»Blut ist ein ganz besonderer Saft« läßt Goethe im »Faust« den Mephisto sprechen. Dieser Saft ist der Nährstoff für den Organismus; er wird in einem ausgeklügelten Kreislaufsystem durch Venen, Arterien und Haargefäße in sämtliche Zellen und Fasern des Körpers transportiert. Ein Hoch- und ein Niederdrucksystem ermöglichen die Versorgung, ausgehend vom Herz, das als Druckpumpe dient. Der Durchmesser eines Gefäßes, durch das Blut strömt, bestimmt den Druck.

Nun wissen wir, daß Angst zur Gefäßverengung führt, demzufolge also Druckanstieg bewirkt. Zorn und Ärger erreichen den gegenteiligen Effekt. Bleiben diese Empfindungen Dauerzustand, werden die Gefäße entsprechend verändert, enger oder weiter, und somit wird ein stets veränderter Druck vermittelt. So entsteht Hoch- oder Niederdruck.

Auf Dauer kann dies zu Herzrhythmusstörungen führen und zu einem unregelmäßigen Stoffaustausch zwischen Blut und Gewebe, zum Nierenversagen.

Ob also das Blut »kocht« oder in den Adern »erstarrt«, hängt von der psychischen Grundstimmung der Betreffenden ab, wenn man einmal von klimatischen oder chemischen und erblichen Bedingungen absieht.

Bluthochdruck (Hypertonie)

Lang andauernde Erhöhung des Blutdrucks über 160/90 mm Hg (= chem. Zeichen für Quecksilber) bezeichnet man als Hypertonie, eine der häufigsten Erkrankungen des Menschen. Untersuchungen ergaben, daß ca. 20 Prozent der Hypertoniker bestimmte Organerkrankungen aufweisen, beispielsweise Nierenleiden oder Überfunktion der Hirnanhangdrüse. Die restlichen 80 Prozent weisen keine eindeutigen Ursachen vor. Zwar sind mitunter hoher Salzkonsum, mangelnde Bewegung und Alter beteiligt, doch scheint der seelische Anteil bei dieser Krankheit besonders hoch zu liegen.

Welche psychischen Störungen liegen nun vor? Gibt es einen charakteristischen Persönlichkeitstyp?

Die verschiedensten Forschungen sind sich alle darin einig, daß der Hypertoniker aggressive oder auch ängstliche Impulse verleugnet. Diese chronische Hemmung der aggressiven Empfindungen führt zu einer andauernden Erregung der Gefäße, vornehmlich zur Erweiterung, was den Bluthochdruck zwangsläufig verursacht. Die Betreffenden zeigen außerdem zwanghafte Züge und eine diffuse Angst, sich nicht durchsetzen zu können. Sie kämpfen ständig gegen ihre Ängste an, unterdrücken die Aggressionen und geraten so in eine Kampfstimmung, die sich nie entlädt. Sie verhalten sich wie »Tiger im Käfig«, stets bereit zu einem Kampf, der nie stattfindet.

Nach außen hin erscheinen sie beherrscht, sehr aktiv und gewissenhaft, pflichtbewußt, freundlich und zuvorkommend. Dahinter verbirgt sich jedoch eine große Unsicherheit und Verletzbarkeit. Es ist verständlich, wenn sich manche Leute mißtrauisch und distanziert verhalten gegenüber besonders freundlichen und friedliebenden Mitmenschen, die nach außen hin gefügig erscheinen und auch bewußt Frieden stiften wollen, gleichzeitig aber weniger bewußt zu Streit bereit sind, wenn sie dabei auch große Schuldgefühle hegen.

Hetze, Sucht nach Erfolg und Anerkennung auf der einen Seite, Wunsch nach Abhängigkeit und Passivität auf der anderen Seite sind die beiden Pole, zwischen denen sich der Patient bewegt. Dabei verbietet er sich den Wunsch nach Abhängigkeit, der aus alten Kindheitstagen stammt, weil er ja nach Macht und Sicherheit strebt, was er gleichfalls unterdrückt und durch eine große Hilfsbereitschaft zu verdecken und »wiedergutzumachen« versucht.

So steht der Hypertoniker in einem paradoxen Spannungsfeld. Er ordnet sich dem Leistungs- und Machtdenken unter, weil er sich so Zuwendung verschaffen will, entwickelt zugleich Wut gegen diese Haltung, unterdrückt die Wut aber und lebt in einer ständigen Verteidigung seiner Selbstbehauptung. Er flieht vor sich selbst.

Beobachtungen ergaben, daß sich bei Gruppen mit hohem Blutdruck auffallend viele Konflikte und soziale Spannungen fanden. Und auch die Tatsache, daß sich bei älteren Leuten vermehrt Hypertoniker zeigen, erklärt sich daraus, daß mit dem Alter die Fähigkeit der Anpassung an vorgegebene Situationen abnimmt und dadurch eine Abwehrhaltung einerseits, ein vergebliches Bemühen um Eingliederung andererseits zutagetritt. Ältere Leute resignieren oder kämpfen verbissen.

Die Nebennierenrinde erzeugt dabei Adrenalin, bekannt als Streßhormon. Adrenalin wird immer bei Angst, Schock und Kampfstimmung in die Blutbahn ausgeschüttet. Es soll den Betreffenden warnen oder zu einer entsprechenden Schutzreaktion, zum Beispiel Flucht, aufmuntern. So erklärt sich auch die ungeheure Energie und körperliche Kraft, die manche Menschen in Gefahrensituationen zeigen. Der Hypertoniker jedoch ist sozusagen ständig auf der Flucht, ohne zu laufen; er steht in einem bewegungsarmen Kampf gegen irgendwelche unterdrückten Empfindungen und Wünsche. Seine Gefäße sind ständig erweitert; das Adrenalin stets auf Reise. Sein Blut »kocht«. Er ähnelt einem parkenden Auto, dessen Motor im Leerlauf ständig hochgejubelt wird.

Es ist anzunehmen, daß ihm in seiner Kindheit das Ausleben seiner Aggressionen, die Selbstbehauptung verboten wurde. Stets mußte er sich fügen. Das erzeugte in ihm Ärger, den er ebenfalls verdrängen mußte, weil er sonst mit Bestrafungen zu rechnen hatte. Dieses Verhaltensmuster behielt er als Erwachsener bei. Er versucht aber, seine innere Spannung durch Helfen und Einsetzen für andere auszugleichen, wird aber um so mehr enttäuscht, wenn diese Hilfsbereitschaft nicht anerkannt wird. Die übertriebene Anpassung und Unterordnung an die Gesellschaft, an Leistung, Ehrgeiz, Gesundheit, Erfolg, Besitz, Sicherheit usw. ist der eigentliche Grund seiner Krankheit.

Ein 45jähriger Angestellter einer staatlichen Behörde litt zunehmend an Herzflattern, Handschweiß und Bluthochdruck. Er zeigte alle Anzeichen eines gehetzten Menschen. Mir fielen seine überaus ängstlichen Verhaltensweisen auf: So machte er sich ständig Vorwürfe, aufgrund seiner Krankheit die anstehende Arbeit nicht bewältigen zu können; bangte um seine Laufbahn und fühlte sich als Nichtbeamter zu mehr Leistung verpflichtet. Er war korrekt, pedantisch. Daß er kein Beamter wurde aufgrund nicht bestandener Prüfungen, machte ihm sehr zu schaffen. So glaubte er, sein lädiertes Image bei den Kollegen und Vorgesetzten durch Überstunden und Entgegenkommen aufpolieren zu müssen. Diese selbst aufgeladene Bürde belastete ihn. Sein hoher Blutdruck war Ausdruck eines tiefliegenden Angst- und Schuldgefühls, das hochkam angesichts früherer Fehlleistungen und künftiger Anforderungen. So entwickelte er eine krankhafte Wachsamkeit, die sich in Schlafstörungen ausdrückte. Innerlich immer auf Hochtouren, vermochte er seine aggressiven Gefühle nicht abzubauen.

Die Mehrheit der Patienten fühlt sich nicht seelisch krank. Daher erfaßt sie auch nicht die wahren Hintergründe ihrer Krankheit. Da eine Heilung nach längerem Ausharren in diesem Zustand nicht mehr ausreichend erfolgen kann, ist die vorbeugende Behandlung immer noch die beste. Bluthochdruck läßt sich ausgezeichnet mit suggestionstechnischen Methoden angehen: Autogenes Training und Hypnose sind hierbei die nützlichsten. Dazu kommt regelmäßige Bewegung: Schwimmen, Radfahren, Spazierengehen u. a. Das Vermeiden stark gesalzener Speisen ist ebenso zu empfehlen wie das Vermeiden von Streßfaktoren, zum Beispiel Lärm am Arbeitsplatz, Hektik, Mißmut... Wer stark raucht und trinkt, und damit bereits seine seelischen Belastungen andeutet, muß sich nicht wundern, wenn trotz sportlichen Ausgleichs sein Hochdruck anhält.

Bei einer medikamentös behandelten Hochdruckerkrankung ist zu beachten, daß zu Beginn Schwindel- und Schwächezustände eintreten können. Dem Patienten muß daher die Wirkung des Medikaments erklärt werden, damit er nicht aus Angst die Behandlung abbricht.

Sobald der Patient seine aggressiven Regungen abreagieren kann, sinkt der Blutdruck. Daher muß er ermutigt werden, angestaute Empfindungen äußern zu dürfen und einen gewissen Grad von Selbstbestätigung in Beruf und Familie zu entwickeln. Hierbei kann er selbst durch ein Blutdruckmeßgerät den Erfolg kontrollieren und sich von der ärztlichen Kontrolle freimachen.

Blutniederdruck (Hypotonie)

Von Blutniederdruck spricht man, wenn die Druckwerte unter 100/60 mm Hg liegen. Abgesehen von einer anlagebedingten Hypotonie, die sich vorwiegend bei hochschlanken Typen und untrainierten Menschen findet, kann der Blutdruck durch Infektionskrankheiten, Blutverlust, Störungen der Hirnanhangdrüse oder durch Schilddrüsenunterfunktion gesenkt werden. Dabei gelangt zu wenig Blut durch die Organe.

Die Mediziner wie auch die Psychologen vermuten, daß der seelische Hintergrund beim Niederdruck wesentlich schwächer ist als beim Hochdruck, zumal körperliche Dispositionen (also ererbte Konstitution) den Niederdruck verursachen. Sicher können mitunter auch seelische Faktoren mitspielen, die zu Blässe, kalten Gliedmaßen, Konzentrationsstörung, Unlust, Augenflimmern, Menstrutationsstörung und Herzstichen führen. Vor allem ist die Angst wieder im Spiel. Aber auch längeres Stehen, zu schnelles Aufrichten und plötzliches Erschrecken lassen den Druck sinken, was dann zu Schwindel und Schweregefühl in den Beinen führt.

Die Symptome des Niederdrucks sind die gleichen wie bei Angstgefühlen und Aggressionsstimmungen. Der Blutdruck sackt ab; das Gehirn wird schlechter versorgt; es kann zu Ohnmacht kommen. Gleichzeitig pumpt das Herz schneller, da es ja für ein Gleichgewicht sorgen muß. Hypotoniker weisen in der Tat versteckte und nicht gelebte Hingabewünsche auf, die sie sich aus irgendwelchen Gründen verbieten. Bei ihnen »erstarrt« das Blut in den Adern, weil sie ihre Wünsche, auch aggressive Neigungen, »kaltgelegt« haben. Diese Unterdrückung verursacht Unterdruck, stellt einen Spannungszustand dar mit einer ständigen unterschwelligen Angst vor Leistungen, die sie erbringen zu müssen glauben, um sich geliebt zu wissen.

In meiner Praxis beobachtete ich wiederholt, daß Hypotoniker einen leistungsorientierten Vater haben oder hatten, der ihnen immer zu verstehen gab, daß gute Leistungen seine Bewunderung und Zuwendung fanden. So wollen die Patienten dem Vater, stellvertretend auch dem Vorgesetzten, durch Anstrengung und Fleiß gerecht werden. Zugleich befürchten sie aber, ihr Ziel nicht zu erreichen. Die Patienten überfordern sich selbst und signalisieren mit ihren eintretenden Schwindel- und Kältegefühlen, daß es ihnen »schwindelig« wird angesichts der bevorstehenden Anforderungen. Sie »bekommen kalte Füße«. Tritt Handschweiß hinzu, was auch bei Hochdruck vorkommt, so steht das Angstgefühl vor dem Versagen, besonders gegenüber Autoritätspersonen, im Vordergrund.

Blutniederdruck ist im allgemeinen harmlos, jedenfalls günstiger als der Hochdruck, da hierbei die Gefäße nicht belastet werden. Bürstenmassagen, Wechselduschen, mäßiger Sport und Vermeiden von längerem Stehen verbessern den Zustand. Auch hierbei hat sich das Autogene Training mit der Wärme- und Atemformel als besonders günstig gezeigt. Natürlich ist auf eine mäßige Lebensführung zu achten.

Im übrigen gilt bei sämtlichen Störungen des Kreislauf- und Drucksystems die Devise, regelmäßig zu leben. Jedes Zuviel an Fernsehen, Autofahren, Kalorien und Schlaf schädigt ebenso wie das Zuwenig an Bewegung, Ausgleichsbeschäftigung und Sauerstoff. Es ist der verlorene Maßstab, der das Kreislaufsystem durcheinanderbringt.

Arteriosklerose und Herzinfarkt

Unter Arteriosklerose versteht man Verschleißerscheinungen bei den Gefäßwänden, Verdickungen und Erhärtungen der Wände, die dadurch weniger Blut durchlassen. Eiweiße, Fette (Cholesterin) und Mineralstoffe setzen sich in den Arterien ab und bilden Pfröpfe, die die Blutbahn verstopfen können. Dieser Vorgang ist als Thrombose bekannt. Das kann sich im Gehirn abspielen (Cerebralsklerose), im Herz (Coronarsklerose), in den Nieren (Nephronsklerose) und in anderen Organen.
Erbliche Bedingungen sowie Alterserscheinungen und falsche Ernährung können die Ursachen sein; aber auch Bluthochdruck, Stoffwechselstörungen, Nikotin, Bewegungsarmut und die typischen Streßfaktoren sind daran beteiligt. Letztes sind also seelische Faktoren, die an der Entstehung der Arteriosklerose maßgebend mitarbeiten.
Ängste und Sorgen lassen die Muskeln in der Arterienwand zusammenziehen. Bleibt das ein Dauerzustand von Jahren, entstehen ernsthafte Schädigungen. Das abgelagerte Cholesterin verkalkt und behindert dadurch die Blutzufuhr zu wichtigen Organen und Zellen. Es kommt zum teilweisen oder vollständigen Ausfall der betreffenden Funktionen. Geschieht die Verkalkung beispielsweise in einem bestimmten Bereich des Kleinhirns, verringern sich die für Gleichgewicht und Gang zuständigen Zellen: Die Folgen sind Zittern und Koordinationsmangel. Geschieht es in den zum Herz führenden Arterien, in den Kranzgefäßen, wird das Herz unterernährt und allmählich verstopft. Es folgt der Infarkt (infarctus = verstopft).
Anfällig hierfür sind bestimmte Berufsgruppen wie Ärzte, Direktoren, leitende Angestellte, Leute mit großer Verantwortung und seelischer Belastung. Aber auch Arbeiter, Beamte und Rentner sind davon betroffen, was angesichts der gestiegenen Streßfaktoren wie Unsicherheit, Leistungsdruck, ungünstige Arbeitsmarktlage usw. nicht verwundert. Diese Menschen leben in einem

ständigen Zustand innerer Spannung, leiden vielfach unter Bewegungsmangel bei gleichzeitiger Hetze. Sie gehören meistens zu den Rundwüchsigen, den sogenannten Pyknikern, und sind überwiegend männlichen Geschlechts.

Statistische Ergebnisse über Skleroseanfälligkeit und Nikotinkonsum zeigen, daß von 1000 Infarktpatienten 130 mehr als eine Packung Zigaretten täglich rauchen, 50 aufgehört haben und 40 nicht rauchen. Diese Untersuchung umfaßt Männer zwischen 30 und 60 Jahren.

Die Persönlichkeitsstruktur der Arteriosklerotiker oder Infarktgefährdeten verrät ein überangepaßtes Verhalten, also hochgradige Aufgeschlossenheit und Kontaktfreude. Sie sind »hochherzig«, gleichzeitig aber wenig flexibel im Gesamtverhalten. Sie sind ehrgeizig , ruhelos, ungeduldig und glauben, nie genügend Zuwendung zu finden. Dadurch geraten sie in Arbeitswut und emotionale Belastung. Die Folge ist eine vermehrte Ausschüttung der Streßhormone Adrenalin und Noradrenalin in die Blutbahn, was auf Dauer die Venenverstopfung fördert.

Wer unter Minderwertigkeitsgefühlen leidet, ist in Gefahr, diese durch übertriebenen Leistungswillen auszugleichen. Wird der Wille nicht genug gewürdigt, entsteht wiederum das Gefühl einer Minderwertigkeit. So schließt sich der Kreis. Treten weitere Belastungsmomente hinzu wie Tod des Ehepartners, Scheidung, Kündigung, Pensionierung oder späte Schwangerschaft, steigt das Infarktrisiko bei solchen Leuten, die jene Spannungsmomente nicht entladen können, indem Sie sich beispielsweise das Schreien, Schlagen, Weinen verbieten. Sie nehmen es sich zu sehr »zu Herzen« und müssen schließlich »blutenden Herzens« ihre falsche Lebenshaltung aufgeben, wenn sie noch können.

Besser ist die vorbeugende Maßnahme. Das Rauchen sollte gänzlich eingestellt werden, was durch Ersatzhandlungen wie Kaugummikauen, Safttrinken, Kaltrauchen erleichtert wird. Körperliche Aktivität ist maßvoll und langsam sich steigernd auszuüben, wobei sportliche Betätigung Spaß machen sollte. Wer Trimmdich-Pfade nur ungern benutzt, tut sich keinen Gefallen. Die Ernährung sollte fettarm sein. Magermilch senkt den Cholesteringehalt im Blut und schützt so vor einer Arterienverkalkung. Milch kann noch mehr; sie enthält Kalzium und beugt der

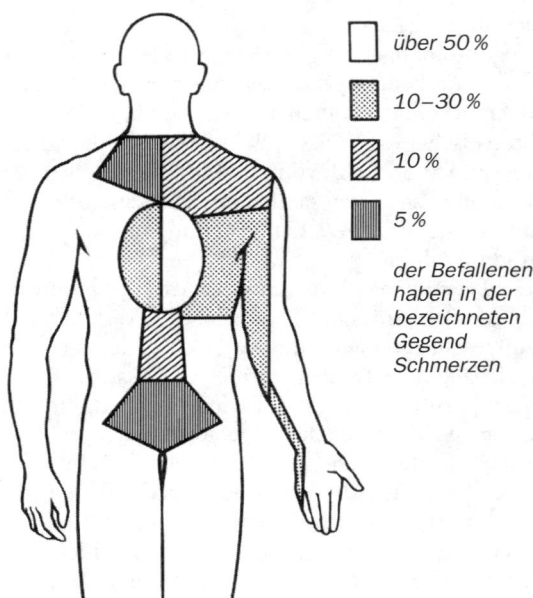

über 50 %

10–30 %

10 %

5 %

der Befallenen
haben in der
bezeichneten
Gegend
Schmerzen

Abb. 5. *Schmerzausstrahlung bei Mangeldurchblutung des Herzens*
(Angina pectoris, Herzinfakt)

Osteoporose vor; andererseits ist sie aber auch beteiligt an der
Entstehung von Nierensteinen. Jeder muß also selber fühlen,
welches Maß ihm gut tut.
Es fällt auf, daß sich Herzinfarkte in den frühen Morgenstunden
häufen. Möglicherweise hängt dies mit den Traumphasen zusammen. Im Traum befindet sich der Körper auf Hochtouren, d. h.
der gesamte vegetative Apparat ist durch das Traumgeschehen
aktiviert: Puls- und Atmungsfrequenz steigen, Hormone werden
produziert. Wäre die Skelettmuskulatur nicht lahmgelegt (wir
können im Traum nicht aufstehen; im Schlafwandel wird nicht
geträumt), würden wir vor Schreck durch die Gegend rennen. Ist
nun ein Herz vorgeschädigt, kann diese körperliche Hochlei-
stung den Tod bedeuten. Durch ein regelmäßiges Leben, das Arbeit und Entspannung aufeinander abstimmt, maßvollen Sport

und vernünftige Ernährung beinhaltet, vor allem auch zur Konfliktfähigkeit und Versöhnungsbereitschaft befähigt, kann ein Infarkt verhindert werden.

Sobald innere Unruhe, Ärger oder Angst aufkommt, ist diese zu ergründen und motorisch oder verbal abzubauen. Dazu ist einiges in Kapitel V gesagt. Das Erlernen des positiven Denkens, welches das Leistungsdenken und die gesellschaftlichen Zwänge relativiert, ist besonders hilfreich. Dazu bedarf es fachlich betreuter Kurse oder Therapien, die ebenfalls in Kapitel V erläutert sind. Nicht zu vergessen ist das Gespräch über die sexuellen Probleme. Der Herzinfarktpatient fürchtet nämlich, einen neuerlichen Anfall zu bekommen, wenn er sich sexuell aktiviert. Die Annahme, daß der Geschlechtsverkehr zu Herz- und Kreislaufbeschwerden führe, ist unbegründet. Untersuchungen, die über Fernmessungen durchgeführt wurden, ergaben eine kurzfristige Pulsfrequenz von 117, während sie bei denselben Patienten in beruflichen Situationen auf 120 anstieg.

5. Störungen verschiedenster Art

Die folgenden Krankheiten lassen sich nicht auf einen gemeinsamen Nenner bringen. Auch sind sie oft ohne jeglichen organischen Befund, was die betreffenden Patienten meist beunruhigt, da ihnen eine handfeste, objektiv sichtbare Krankheitsursache lieber ist als ein seelischer, nicht eindeutig greifbarer und angreifbarer Störungsfaktor. Ausnahmen bilden hierbei die Krebsgeschwulste und Hauterkrankungen; aber auch diese Krankheiten haben vielfach einen seelischen Grund, der in einer erfolgreichen Therapie nie übergangen werden darf.

Behandlung der Symptomatik allein, etwa Einnahme von Medikamenten gegen nervöse Herzbeschwerden, ist unsinnig, da sie die Ursachen der Beschwerden, wie blockierte Partnerbeziehung, Hingabestörung, Sozialängste, Leistungszwang, nicht aufarbeitet. So ist auch die weitgehend erfolglose Behandlung der zunehmenden Depressionen mit Psychopharmaka erklärlich, da die entscheidenden, verdrängten Psychofaktoren und Erlebnisse nicht berücksichtigt und die Lebenssituation nicht verändert werden.

Krankheit ist Mangel. Hier liegt immer ein Mangel an seelischen Selbstheilungsmaßnahmen vor, auch ein Defizit an Durchsetzungsvermögen, Selbstbehauptung, Konfliktwiderstand und Leidensfähigkeit. Der Lebensmut wider alle Widerwärtigkeiten des Lebens fehlt. Die Ursachen liegen meist in falscher Erziehung, in selbstzerstörerischem Konsumverhalten, in angepaßtem Leistungsdenken und im Mangel an Selbstvertrauen und religiöser Hingabe. Der Anteil altersbedingter und vererbter Störfaktoren ist geringer als angenommen, was den Mut zum Leben und zur Korrektur falscher Lebensweisen neu aufleben lassen sollte.

Herzneurose

Herr N., 35 Jahre alt, leidet seit zwei Jahren an Versagungsängsten. Er ist im pharmazeutischen Außendienst tätig und muß öfter für ein paar Tage von zu Hause fortbleiben, was ihm schon manchen Ärger mit seiner Familie einbrachte. Seine Angst wird vor allem dadurch verstärkt, daß seine Frau ihm vorwirft, unfähig zu sein, auf den Chef einzuwirken und sich für einen Posten im Labor einzusetzen. In letzter Zeit verspürt er immer stärker Herzklopfen, Schweißausbrüche, Schwindel und Stechen in der Brust. Angst überfällt ihn, die sich neuerdings in vollbesetzten Bussen, auch im Flugzeug und an gut besuchten Plätzen einstellt. Jedesmal kontrolliert er nervös seinen Herzschlag und greift zu »seinen« Pillen. Überängstlich richtet er sein Leben streng nach medizinischen Gesichtspunkten aus: Diät, Sport, Wechselbäder, Autogenes Training, Nikotinverbot sowie eifriges Studieren entsprechender Literatur.

Wohl zigmal hat er Ärzte aufgesucht, die nichts Organisches feststellen konnten; das EKG ist normal. Herr N. weist keine ersichtlichen Krankheitsursachen auf; dennoch ist er nicht zu beruhigen, weil ihn die Symptome verängstigen. Seine übertriebene Selbstbeobachtung, Hypochondrie genannt, verstärkt nur noch mehr sein Problem. Die Diagnose lautet: Herzneurose.

Auffallend bei Patienten wie Herrn N. ist die übertriebene Angst vor dem Herzstillstand und dem Partnerverlust. Mitunter studieren sie die Todesanzeigen genau, um eine Bestätigung für ihre Ängste zu finden. Jede kleine Erkrankung, jeder unbedeutende

Schmerz wird als Vorbote des Todes gedeutet. Am Ende stellen sich noch Depressionen ein, was nicht verwunderlich ist angesichts dieser lebensfeindlichen Einstellung.

Zwischen dem 20. und 40. Lebensjahr trifft man diese neurotische Erscheinung, die auch »neurozirkulatorische Asthenie«, »vasomotorische Neurose«, »vegetative Dystonie« oder »funktionelles kardiovasculäres Syndrom« genannt wird. Sie findet sich vorwiegend bei Männern, die gleichzeitig unter innerer Unruhe, allgemeiner Ängstlichkeit, Magen-Darm-Beschwerden oder Kopfschmerzen leiden. Die Bemerkung des Arztes, sie seien völlig gesund, beruhigt sie keineswegs. Wenn dann der Arzt aus psychologischen Gründen doch harmlose Pillen verschreibt, fühlen sie sich in ihrer Vermutung bestätigt: Die Ängste steigern sich.

Was steckt nun hinter dieser merkwürdigen weitverbreiteten Krankheit, die auch als eingebildete oder befürchtete ernstzunehmen ist?

Auffallend bei diesen Menschen ist ihr großes Anklammerungsbedürfnis an Verwandte und Bezugspersonen. Diese Angst vor dem Verlust geliebter Menschen stammt aus ihren Kindheitstagen und wurde ihnen von ihrer ängstlichen, dominanten Mutter in entsprechendem Erzieherverhalten eingegeben. Die Mutter von Herrn N. wurde nie müde, Ermahnungen auszusprechen, Kontrollen durchzuführen und die Gefährlichkeit der Welt aufzuzeigen. Sie nahm ihren Sohn in Besitz mit einer überfürsorglichen Liebe, hinter der sich eine tiefe Angst verbarg. Daß gerade das Herz betroffen ist, hat seinen guten Grund. Da ihre Beziehung zur Mutter und später zu allem, was mütterlichen, schützenden, herzlichen Charakter hat, gestört ist, schlägt sich dies – symbolisch gewissermaßen – am Herz nieder. Das Herz ist Sitz der Liebe, des Gemüts. Sind frühkindliche affektive Beziehungen gestört, empfindet dies der Betreffende später am Herz. »Es blutet«, sagen wir, oder auch »Er nimmt es sich zu Herzen«.

Dieser Kontakthunger bei gleichzeitiger Angst, Bezugspersonen zu verlieren oder von ihnen abgelehnt zu werden, charakterisiert den Herzneurotiker. Seine Sorge um seine Herzfunktion beinhaltet sozusagen einen Appell an die Umwelt, sich ihm mehr zuzuwenden. Hier liegt ein zwiespältiger Wunsch verborgen: Einerseits fürchtet er sich vor dem Infarkt, andererseits sehnt er sich danach, weil er damit die Aufmerksamkeit seiner Umwelt auf sich lenken kann. Nicht selten heiraten solche Männer Frauen, die eher Mutterersatz sind als ebenbürtige Partner. Da sie aber ihrer Mutter jene Erkrankung verdanken, lehnen sie natürlich unbewußt ihre Ehefrau ab, indem sie sie kränken oder sonstwie verletzen. Herr N. wollte gar nicht seinen Außendienst aufgeben. Diese berufliche Situation kam ihm sogar sehr gelegen; doch waren ihm die Hintergründe nur teilweise bewußt.

Die wirksamste Hilfe besteht darin, jene Symptome wie Herzklopfen, Atemnot, Angst usw. ganz bewußt zu provozieren. Diese paradoxe (= widersprüchliche) Methode ist in Kapitel V genau erklärt. Außerdem soll der Betreffende nach Ablenkung suchen bzw. sich der Tätigkeit, die er gerade ausübt, intensiv zuwenden. Das Autogene Training ist hier nur bedingt anwendbar, wobei die Herzformel (»Das Herz schlägt ruhig und regelmäßig«) besser weggelassen wird, da sie die Aufmerksamkeit erst recht auf das Herz richten würde. Eventuell ist die neutrale Formel »Puls schlägt ruhig und regelmäßig in den Fingerspitzen« hilfreicher. Herr N. hat jedenfalls mit der Kombination von paradoxer Methode und Autogenem Training gute Erfolge erzielt.

Da Herzphobiker ein übertriebenes Kontrollbedürfnis zeigen, das sich im zwanghaften Beachten ärztlicher Vorschriften, im genauen Befolgen der »Waschzettel«-Anweisungen und im nervösen Selbstbeobachten äußert, ist es gut, die Problematik zu bagatellisieren. Sportliche Betätigung zur Abreaktion aggressiver Empfindungen und vor allem der Hinweis, daß die empfundenen Körpergefühle (Herzstechen, Atemnot...) kaum in ein organisches Herzleiden übergehen können, sind weitere Hilfen. Ein Gespräch ist auch mit der Ehefrau zu führen, die über die Hintergründe der »Krankheit« zu informieren ist und so besser dem Patienten ihre Zuwendung entgegenbringen kann.

Was die sexuelle Aktivität betrifft, so kann der Patient ungetrübt und schadlos den Geschlechtsverkehr ausführen.

Störungen der Blasenentleerung

Wer hat nicht schon einmal Situationen erlebt, in denen er aufgrund innerer Anspannungen und Ängste mehrmals zur Blasenentleerung gezwungen wurde? Und wer kennt nicht von sich oder von anderen die momentane Unfähigkeit, in Anwesenheit anderer oder auf Anhieb im ärztlichen Untersuchungszimmer zu urinieren? Hier wird deutlich, wie sehr gerade die Blasenfunktion von der seelischen Verfassung abhängt. Wer beispielsweise mittels einer verbalen Suggestion oder eines laufenden Wassers zum Urinieren angeregt wurde, weiß um das starke Zusammenspiel von Einbildung, also seelischem Moment, und körperlicher Reaktion.

Die sehr häufige Entleerung der Blase, Pollakisurie genannt, hat gewiß psychische Gründe, wenn man von einer Harnblasenentzündung (Cystitis) absieht. So ist es möglich, daß der Betroffene in ständiger Hast lebt und nicht zeitig fertig zu werden glaubt. Oder er befindet sich in einer besonders exponierten Situation, etwa im Theater, bei einem Bankett, auf einem Ball, wo ihn die Erwartungsangst (»Hoffentlich muß ich jetzt nicht schon wieder!«) zum diskreten Verschwinden zwingt. Dabei kommt es manchmal nur zu geringer Harnentleerung, weil sich die Blase verkrampft. Mitunter spürt der Betreffende leichtes Brennen.

Kleine Jungen wetteifern manchmal darum, wer die weiteste Strecke im höchsten Bogen pinkeln kann. Insofern ist die Unfähigkeit der normalen Blasenentleerung Ausdruck einer leistungsgestörten, versagungsängstlichen Seele. Mitunter zeigen sich beim Patienten gleichzeitig noch andere Störungen, zum Beispiel Impotenz: vorzeitiger Samenerguß (Ejaculatio praecox) oder mangelnde Gliedversteifung (Impotentia erectionis); auch Stottern, Kopfschmerzen und Schlafstörungen sind gelegentlich Begleiterscheinungen. Sie weisen allesamt auf die Unfähigkeit hin, sich gehenzulassen. Das passive Geschehenlassen fehlt bei diesen Menschen.

Die Tiefenpsychologie geht sogar so weit, den Harn mit den Tränen in Beziehung zu bringen: So kann sich bei einem Menschen, der seine Tränen trotzig zurückhält, ein vermehrter Harndrang einstellen.

Da die Mehrheit der Erwachsenen Blasenfunktionsstörungen selten als psychogene Krankheiten deuten, denken sie auch nicht an den Gang zum Psychologen. Sie nehmen Medikamente ein und steigern sich allmählich in eine ängstliche Unruhe und nervöse Kontrolle, wenn nach Absetzen der Medikamente keine Besserung eintritt.

Hingegen sind sie bereit, das chronische Bettnässen bei Kindern als seelische Störung zu betrachten. Diese Enuresis ist Folge einer gestörten Mutter-Kind-Beziehung. Entweder sind die Mütter solcher Bettnässer stark überlastet und gereizt, oder sie bevorzugen die anderen Geschwister. Jedenfalls ist die Erziehung auffallend kontrastreich: Zuckerrohr und Peitsche, hier Vernachlässigung, dort Dressur. Bettnässer sind aktive, nervöse Kinder, sind überforderte und vernachlässigte, verwöhnte und bestrafte Patienten zugleich.

So sollte das Zubettgehen niemals als Strafmittel eingesetzt werden. Das Bett ist ein Ort der Entspannung, der Belohnung für getane Arbeit; wer hier gezwungen wird zum Schlaf, wird verunsichert, gereizt und setzt alle Mittel ein, um dieses Im-Bett-liegen-Müssen zu verhindern.

Für Erwachsene wie für Kinder ist die Entspannungstherapie die richtige Hilfe. Sie führt zur Gelassenheit, zu größerer Selbstsicherheit und zur Entkrampfung der Organe. Oft hilft auch irgendeine Form der aktiven oder gedanklichen Ablenkung, die eine Erwartungsangst erst gar nicht aufkommen läßt. Tieferliegende Gründe wie Leistungsangst und gestörte Partnerbeziehung (etwa Ekel vor dem Sexualakt mit dem Partner) müssen in einem Gespräch aufgedeckt und dann verhaltenstherapeutisch behandelt werden.

Sexualstörungen

Etwa 80 % der Sexualstörungen haben seelische Ursachen und sind mit rein medikamentösen Methoden nicht zu beheben; es sei denn indirekt durch die Erwartungshaltung, die der Betroffene in die Medikamentierung setzt. Unter Sexualstörung sind alle Impotenzformen zu verstehen, so: vorzeitiger Samenerguß (Ejaculatio praecox), mangelnde oder fehlende Gliedversteifung

(Impotentia erectionis), Vaginalkrämpfe (Vaganismus) und Ausbleiben des Orgasmus (Anorgasmie).
Nicht gemeint sind die Sexualabnormitäten im Sinn von Perversionen, weil hier keine körperliche Funktionsstörung vorliegt, sondern eine seelische Fehlentwicklung, bei der die Triebrichtung oder die Sexualpraxis aus dem normalen Rahmen fällt.
Weil hierüber in der familiären und schulischen Erziehung kaum gesprochen wird und daher haarsträubende Irrtümer und Halbwahrheiten im Umlauf sind, möchte ich diese Sexualabnormitäten kurz einmal anführen (Tabelle s. Seite 64).

Wohlgemerkt: Die genannten Handlungen zählen deshalb zu den Perversionen (wörtlich: Verdrehungen), weil ihre Praxis oder Richtung widernatürlich ist. Ohne bestimmte Techniken und mitunter komplizierte Bedingungen ist eine sexuelle Befriedigung nicht möglich. Eine Heilung ist äußerst schwierig, meistens erfolglos, weil die Betroffenen gar nicht leiden, jedenfalls nicht unter ihrer Veranlagung, eher unter den gesellschaftlichen Reaktionen.
Transsexualität und Zwittertum sind sozusagen Irrtümer der Natur und durch chirurgische Eingriffe zumindest äußerlich zu beheben. Homo- und Bisexualität zählen nicht zu den Perversionen; sie nehmen eine Sonderstellung ein, deren Ursache bis heute nicht ganz geklärt ist. Starke Mutterbindung, Störungen in der psychosexuellen Entwicklung, hormonelle Fehlsteuerung, Verführung und andere Faktoren werden als Gründe vermutet. Wer aber nicht homosexuell ist, wird es auch nicht durch Verführung. Inzwischen glauben amerikanische Forscher herausgefunden zu haben, daß das Chromosom 28p homosexuell macht. Das mag auf einige zutreffen. Es bleibt die Annahme, daß auch frühkindliche Erlebnisse Ursache sein können. Hier kann eine Psychotherapie in der Regel nur wenig helfen. Medikamentöse Behandlungen beeinflussen höchstens die Triebstärke, nicht aber die Triebrichtung. Elektroschocks und stereotaktische Operationen (Gehirneingriffe mit Zerstörung des betreffenden Sexualzentrums) sind äußerst fragwürdig und nicht ungefährlich.
Es ist möglich, daß Homosexualität durch intensive Gottesbeziehung und religiöse Umkehr »stillgelegt« werden kann. Der

SADISMUS:
Zufügen von Schmerz zur sexuellen Lustgewinnung. Im Extremfall: Lustmord.

FETISCHISMUS:
Sexuelle Erregung, ausgelöst durch Objekte: Schuh, Leder, Damenwäsche . . .

MASOCHISMUS:
Erleiden von Schmerz und Erniedrigung, mit Sadismus meist gekoppelt.

SODOMIE:
Geschlechtsverkehr mit Tieren.

EXHIBITIONISMUS:
Krankhafte Neigung zur Entblößung der Geschlechtsteile in der Öffentlichkeit. Das Entsetzen des Passanten erregt den Exhibitionisten.

Abnorme Sexual-
PRAXIS: / RICHTUNG:
Befriedigung nur möglich durch ritualisierte, oft dem Geschlechtsverkehr vorausgehende Handlungen
mit einem   mit einem
PARTNER   »OBJEKT«

KOPROPHILIE:
Befriedigung durch Kontakt mit Kot oder Urin des Partners. Sogenannter »dirty sex« (dirty = schmutzig).

VOYEURISMUS:
Durch Beobachten sexueller Aktivitäten anderer zur Befriedigung gelangen.

NEKROPHILIE:
Unzucht mit Leichen, nur bei geistig Gestörten bisher beobachtet.

TRANSVESTISMUS:
Tragen andersgeschlechtlicher Kleidung wegen Ablehnung des eigenen Geschlechts (oft mit Fetischismus gekoppelt).

KLEPTOMANIE:
Stehlen bestimmter Objekte (vgl. Fetischismus) löst sexuelle Befriedigung oder Erregung aus. Objekt ist Sexualsymbol.

Betroffene bleibt weiterhin verführbar, weshalb er einschlägige Lokale, Zeitschriften, Treffs und Bekannte meiden muß.

Es gibt ja nicht wenige, die unter dieser Veranlagung leiden. Man schätzt 4–7 % der Bevölkerung. Die oft zu hörende Bemerkung, nicht gelebte Sexualität mache krank bzw. neurotisch, ist nicht bewiesen. Es kommt darauf an, welcher Art die Abwehr ist: Handelt es sich um eine angstbesetzte Verdrängung oder um ein ständiges willentliches Ankämpfen, wird der Mensch seelischen Schaden erleiden. Ist es eine Form von spirituell geprägter Sublimierung oder Verzichtleistung, kann die Askese durchaus gelingen, ja sogar positive Kräfte freisetzen. Das Problem gerade in sexuellen Bereichen beruht meist auf einer falschen, pseudoliberalen Aufklärung einerseits und einer religiös gefärbten Angstmacherei andererseits.

Mit Chemie ist einer Sexualneurose – wenn sie denn eine ist – nicht beizukommen.

Kehren wir zum eigentlichen Thema zurück. Zu den eingangs erwähnten Sexualstörungen ist zunächst allgemein zu sagen, daß die gesellschaftlichen Bedingungen mitschuldig sind an ihrer Entstehung. So spielt bei der Impotenz häufig eine unterschwellige Leistungsangst eine Rolle, die zum Versagen führt, sobald der Betreffende eine sexuelle Leistung erzwingt oder zu versagen glaubt. Die zunehmende Konsumhaltung einerseits, die auf Passivität und Hingabe zielt, das Leistungsdenken andererseits, das Aktivität und Produktivität meint, führen zu einem seelischen Druck, der bei sensiblen Menschen eine sexuelle Blockade auslösen kann. Schon die Angst, dem Partner zeigen zu müssen, was man alles kann und daß man besser ist als andere oder doch mindestens ebenso gut, provoziert eine Impotenz.

Eine befriedigende sexuelle Beziehung ist nur möglich, wenn beide Partner entspannt und frei von Leistungszwang und Ängsten sind. Erst die harmonische, liebende Bindung befähigt zu einem ehrlichen Intimverkehr.

Was aber ist zu tun im Fall einer Störung? Zunächst einmal müssen die möglichen Ursachen erforscht werden: Ist überhaupt noch ein Funke Liebe vorhanden? Wird Sex als Kitt für eine Ehe mißverstanden? Sind beide richtig aufgeklärt? Viele wissen nicht, daß die sexuelle Erregung bei der Frau langsamer ansteigt und abklingt als beim Mann. Eine Ruck-zuck-Methode ist unsensibel und führt bei der Frau zu Verkrampfungen und Abwehrhaltungen. Ist der intime Verkehr das Resultat echter Partnerbindung oder eher ein taktisches Spiel zur Erreichung bestimmter Wünsche, zur Verdrängung notwendiger Auseinandersetzung oder gar eine ehelich verbrämte Vergewaltigung? Liegen Schuld- und Ekelgefühle vor? Gibt es Schockerlebnisse aus der Kindheit, frühere verletzende Intimerfahrungen?

Manchmal liegen auch nur organische Störungen vor. Nicht selten sind Streßfaktoren wie Überarbeitung, Schlafmangel, Nervosität oder unverarbeitete Konfliktsituationen Ursachen sexueller Probleme. Es ist geraten, in einer Eheberatungsstelle oder bei einem Psychotherapeuten vorzusprechen und den Dingen auf den Grund zu gehen.

An dieser Stelle möchte ich einmal erwähnen, daß sich immer wieder Patienten über die mangelnde Bereitschaft von Therapeuten beklagen, auf die spirituelle Dimension einzugehen. Viele psychosomatische Störungen sind mitbedingt durch ein falsches, bedrohliches Gottesbild, durch Leistungsfrömmigkeit oder Verdammungsangst. Wenn der Kern der Psyche nicht angebohrt wird, kann es keine Kern-Gesundheit geben. Dieser Kern beinhaltet das Verhältnis zu sich selbst und zu Gott. Wer nicht zur Versöhnung bereit ist, kann nicht geheilt werden. Im übrigen sei darauf hingewiesen, daß der Begriff »therapeuo« bekanntermaßen »heilen« bedeutet, aber auch »anbeten«. Diese Dimension ist für eine ganzheitliche Therapie sehr wesentlich. Ohne sie bleibt die Therapie im Vordergründigen stecken. Es verwundert nicht, daß der Run auf die religiösen Heiler zunimmt. Wieviel Scharlatane und pseudoreligiöse Gurus sich da gütlich tun, läßt sich nur erahnen.

Vaginalkrämpfe und andere Muskelverspannungen können am besten mit der progressiven Relaxation behoben werden. Darüber ist im Kapitel V, 5 Genaueres geschrieben.

Eine andere Möglichkeit bei der Behandlung fehlender oder mangelhafter Erektion ist die allmähliche Hinführung zum Coitus, sensitive Fokussierung genannt. Dabei beginnt die Partnerin durch Streicheln des Penis eine allmähliche Erregung herbeizuführen, bis eine Erektion eintritt. Dann führt sie den Penis in ihre Vagina ein; geht die Erektion zurück, wiederholt sie nach einer kurzen Pause das Streicheln bis zu einer neuerlichen Erektion. Das Spiel wiederholt sich etwa drei- bis viermal an einem Abend. Es ist dann so oft fortzuführen, bis die Erektion 10–15 Minuten lang gehalten werden kann.

Bei vorzeitigem Samenerguß (Ejaculatio praecox) muß der Mann lernen, die Ejakulation zurückzuhalten und durch Wiederholung der Übung die Erektion möglichst lange zu halten, bis er in der Lage ist, die Erektion ca. 15 Minuten ohne eine Ejakulation aufrechtzuerhalten. Bleibt der Samenerguß aus trotz langer Erektion, sollte die Partnerin den Penis so lange streicheln und manipulieren, bis schließlich der Erguß erfolgt. Beim nächsten Mal führt der Mann rasch seinen Penis in die Vagina ein. Solche Übungen sind schon nach wenigen Wochen erfolgreich, sofern sie konsequent durchgeführt werden. Das Aufsuchen eines Therapeuten ist aber schon deswegen zu empfehlen, weil dieser den nötigen Druck und die genauen Anleitungen gibt, die für eine erfolgreiche, gegenseitige Hilfe erforderlich sind.

Immer wieder zeigt sich, daß die intime Begegnung unter einem Mangel an Einfühlungsvermögen und Zärtlichkeit leidet, meist auf Seiten des männlichen Partners. Schuld sind unzureichende Aufklärung und mangelnde biologische Kenntnis. Eine einseitig betonte Sexualpraxis und Überwertung der Genitalzonen, wie sie pornographische Literatur aufweist, stellen keine Hilfe dar für impotente Partner; sie können eher noch zu einer psychogenen Sexualstörung führen.

Vom Fremdgehen, das manche Therapeuten aus psychologischer Sicht empfehlen, ist abzuraten, da hierbei neuerliche Schuldgefühle entstehen können oder aber die eigene Ehe gänzlich zerstört werden kann. Der Seitensprung stellt keine wirkliche Hilfe dar, weil das Problem lediglich verschoben wird. Die Potenzstörung kann auf diese Weise kaum behoben werden.

Die tiefste Ursache vieler partnerschaftlicher Störungen liegt in der fatalen Meinung, der eine müsse den anderen ständig glücklich machen. Die Ehe wird von überhöhten Erwartungen und unrealistischen Glücksvorstellungen begleitet, die keiner auf Dauer erfüllen kann. Liebe muß immer wieder neu gelernt und eingeübt werden. Und vor allem: Nicht stets die Schuld beim

Partner suchen und ihn verändern wollen, sondern gemeinsam eine Lösung suchen und bei seinem eigenen Denken und Verhalten ansetzen.

Die christliche Sexualerziehung war lange Zeit geprägt von Ängsten und Schuldgefühlen; daran vermochte auch die pornographische Überflutung nichts zu ändern. Beiden ist eine gewisse Leibfeindlichkeit zu eigen, die biblisch nicht zu belegen ist. Jesus selbst hat sich über sexuelle Themen ausgeschwiegen. Es gab für ihn wichtigere Botschaften und Lebenshilfen, z. B. die Vergebung. In meiner Praxis erlebe ich es häufig, daß sich die Partner ihre Fehltritte nicht vergeben. Mitunter wird durch die sexuelle Verfehlung (z. B. Ehebruch) des einen mit einem Schlag die Liebe und Zuneigung des anderen gelöscht. »Seitdem empfinde ich nichts mehr für meine Frau«, sagte kürzlich der in seinem Stolz gekränkte Ehemann. Eine solche Überreaktion läßt vermuten, daß hier immer schon eine neurotische Liebe vorlag, keine wirklich sich hingebende und sich vergebene Liebe. Die kleinste Verletzung muß dann zur narzißtischen Kränkung führen, die mit Liebesentzug bestraft wird. So erweist sich mal wieder, daß eine gesunde Selbstliebe Voraussetzung ist für eine gelingende Nächstenliebe, die ihren Höhepunkt findet in der sexuellen Vereinigung.

Schlafstörungen

Viele der bisher beschriebenen psychosomatischen Erkrankungen gehen mit Schlafstörungen einher, seien es Einschlaf- oder Durchschlafstörungen.

Der Schlaf ist ein passiver Vorgang, der nicht mit Gewalt oder heimlicher Erwartungshaltung herbeigeführt werden kann. Wer mit ängstlichen Gedanken zu Bett geht, er könne vielleicht wieder nicht einschlafen, wird gewiß kaum einschlafen, weil seine geheime Befürchtung wahr wird. Versteckte Schuldgefühle, finanzielle, eheliche und berufliche Sorgen können am Schlaf hindern, vor allem aber diffuse Lebensängste und Hingabestörungen. Aufgesparte Aggressionen und phantasierte Racheakte sind ebenfalls häufige Hemmnisse für einen gesunden Schlaf. Seltener sind es Dosierungsmängel bei Vollnarkosen, die aufgrund der

Zerstörung von Zellen im Schlafzentrum zu chronischen Schlafstörungen führen.

Oft greift der Betroffene zu Tabletten wie Lexotanil, Adumbran,
Valium, Librium, Tranxilium u. a. und fällt in einen chemischen,
meist traumlosen Schlaf, der ihn anderntags keineswegs munter
und fit aufwachen läßt. Da die chemischen Substanzen die
Traumfähigkeit rauben oder reduzieren, wird der Organismus
einer sehr wesentlichen Konfliktverarbeitung, die ja im Traum
geschieht, beraubt. Die Folge ist eine zunehmende Nervosität,
die ihrerseits die Schlaffähigkeit beeinträchtigt. Der Kreislauf
schließt sich, wenn nun der Betroffene die Tablettenmenge erhöht oder auf stärkere Mittel umsteigt. Morgens greift er dann zu
Weckaminen und Muntermachern, die ihn den Tag in einem
Zustand dösiger Wachheit erleben lassen. Wir sehen, daß diese
Konsumhaltung die Schlafstörung nicht behebt, eher automatisiert und verschlimmert.

Die meisten haben die Sorge, daß sie sich aufgrund des Schlafde-
fizits weitere Störungen einhandeln würden. Diese Sorge ist verständlich, aber weitgehend unbegründet. Leider wird sie durch
die Bemerkung des Arztes, »Sie brauchen unbedingt mehr Schlaf,
sonst verringern sich Ihre Abwehrkräfte« unnötig heraufbe-
schworen. In der Tat ist es so, daß sich der Körper die nötige
Menge an Schlaf nimmt. Selbst wenn der Betreffende am anderen Morgen von einer schlaflosen Nacht spricht, hat er mindestens 2–3 Stunden geschlafen.

In meiner Praxis erlebe ich das sehr oft. Eine 60jährige Dame be-
hauptete stocksteif, sie könne nachts nicht schlafen, läge ständig
unruhig im Bett und döse höchstens vor sich hin. Trotz der
Medikamente, die sie seit 15 (!) Jahren nähme, hätte sich kaum
etwas geändert. Ich wies sie darauf hin, daß sie nach so langer Erfolglosigkeit die Tabletten reduzieren solle, daß sie außerdem
genügend Schlaf hätte für ihr Alter und daß sie ohne Rücksicht
auf den Schlaf zu Bett gehen solle. Das aber beruhigte sie keineswegs. Immer wieder jammerte sie über ihre schlaflosen Nächte
und erfand allerlei mögliche Ursachen für ihre Krankheit.
Schließlich bat ich ihre Verwandten, einmal zu kontrollieren, ob
sie des Nachts immer wach bliebe. Das Ergebnis entsprach meinen Erwartungen: Obgleich sie vier Stunden schlief, beklagte

sie sich anderntags darüber, daß sie kein Auge zugemacht habe.
Den Widerspruch ihrer Angehörigen vermochte sie nicht zu akzeptieren.

Nachdem sie die Tabletten stark reduziert hatte, gab ich ihr ein
Placebo-Präparat, eine »Gefälligkeitstablette«, die ohne jegliche
chemische Wirkung ist, mit der Bemerkung, dies sei ein beson-
deres Mittel, das schon nach wenigen Minuten den Schlaf her-
beiführe. Ich nannte einen sehr komplizierten Namen und erklärte ihr noch einmal die Verabreichung. Diese »Lüge im Dienst
der Therapie« erreichte denn auch prompt ihr Ziel. Nach weiteren Einnahmen dieses Placebos konnte ihr Problem gelöst werden; inzwischen ist sie frei von den Medikamenten und schläft
unverändert wenig. Ihre angstvolle Einstellung ist verschwunden
und hindert sie nicht mehr daran, halbschlafend vor sich hinzu-
dösen.

In den meisten Fällen reicht das Autogene Training aus, das mit
der Schwereformel »Arme und Beine ganz schwer. Schlaf gleichgültig. Ich bin müde und falle tief in einen angenehmen Schlaf«
innerhalb weniger Tage zum Schlaf führt. Manche benutzen eine
Tonbandcassette, andere trinken kurz vorher noch eine Flasche
Bier, wieder andere schwören auf Fußbäder oder dreißig Knie-
beugen.

Menschen, die nicht schlafen können, leiden unter der Unfähigkeit, abzuschalten. Sie kauen Bagatellfälle durch, grübeln über
lächerliche Vorkommnisse des vergangenen Tages nach, steigern
sich dann in eine übertriebene Angst hinein, zu wenig schlafen zu
können und dann anderntags zu versagen. Oft liegt ein Liebes-,
Kommunikations- oder Sinnverlust vor, den sie meist unbewußt
verspüren, ohne ihn klar ausdrücken zu können. Die Stille der
Nacht läßt die verdrängten Probleme aufkommen, die sich auch
nicht mit Tabletten unterkriegen lassen.

Am besten hat sich, wie bereits erwähnt, das Autogene Training
bewährt. Für verkrampfte, ängstliche Menschen ist die Muskelentspannung angezeigt. Mitunter kann die paradoxe Methode
helfen, vor allem bei zwanghaften, pedantischen Patienten. Über
alle diese Methoden finden Sie im Kapitel V ausführliche Be-
schreibungen. Banaler, doch nicht minder hilfreich ist für Blut-
niederdruckpatienten eine Tasse Kaffee am Abend oder ein Glas

Sekt, weil dies den Druck anhebt und somit das Gehirn mit Sauerstoff versorgt, was zum Schlaf erforderlich ist. Nach Absetzen von Medikamenten kommt eine »Durststrecke« von ca. 8 Tagen, die durchgehalten werden muß, weil sich dann der normale Rhythmus wieder einstellt. Der Schlaf kommt, wenn er möglichst ohne Angst und willentliche Anstrengung erwartet, also vergessen wird. Die Zimmertemperatur sollte zwischen 12 und 15 Grad liegen; das Schlafzimmer sollte farblich warm gestaltet sein; das Fernsehgerät hat hier nichts zu suchen. Eine vernünftige Tagesgestaltung, die am Abend das Gefühl von Zufriedenheit auslöst, ist das beste Medikament.

Inzwischen berücksichtigen Architekten und Hausbesitzer immer mehr das Phänomen der negativen Auswirkung von Wasseradern oder Erdstrahlen. Die Radiästhesisten (Rutengänger) weisen darauf hin, daß sensible Menschen unter Schlafstörungen, Krebserkrankungen, Schmerzen und anderem mehr leiden, wenn sie jahrelang über solchen Adern oder gekreuzten Strahlen (sog. Currynetz) schlafen bzw. arbeiten. Die empirische Wissenschaft lehnt diese Behauptungen bis jetzt noch ab, wenngleich eine Verunsicherung zu bemerken ist. Die Wirklichkeit läßt sich eben nicht nur auf das Meßbare reduzieren.

Rheumatische Erkrankungen

Der Begriff »Rheuma« stammt aus dem griechischen »rheo = fließen« und bezeichnet ein Sich-Bewegen der Schmerzen, ein Wandern im Körper.

Weit mehr als zehn Millionen Rheumatiker gibt es in der Bundesrepublik. Die Kosten für die Behandlung dieser ältesten Krankheit der Menschheit erreichen mittlerweile Milliardenhöhe. Funde aus allen Perioden altägyptischer Geschichte ließen schwere rheumatische Erkrankungen an den Knochen erkennen; selbst der Cromagnon-Mensch aus der Jungsteinzeit (um 2000 vor Chr.) wies arthritisch veränderte Wirbel auf.

Weil die Krankheit viele unterschiedliche Erscheinungsformen hat, spricht man vom rheumatischen Formenkreis und umfaßt damit die Arthritis, Spondylose, Arthrose und den degenerativen Weichteilrheumatismus.

Rheuma macht sich durch ziehende Schmerzen in den Gelenken, Sehnen und Muskeln bemerkbar; es kommt zu Versteifungen und Deformationen. Eine eindeutige Ursache ist bis heute nicht gefunden worden.

Da seelische Gründe, die zu einer Verspannung und Versteifung führen können, hierbei nicht gesehen oder vermutet werden, wird eine seelische Behandlung auch nicht versucht. Dabei gibt es eine enge Beziehung zwischen der menschlichen Kommunikation und den Muskeln, was beispielsweise in der Taubstummensprache deutlich zum Ausdruck kommt. Lachen, Weinen, Schmerzunterdrückung und Zornesausbrüche zeigen sich in den Gesichtsmuskeln, die dabei angespannt werden. Doch nicht allein das Gesicht ist von affektiven Ausdrücken betroffen, der gesamte Körper. Menschen, die sich den beruflichen Arbeiten nicht gewachsen fühlen, sich aber zum Durchhalten zwingen, zeigen oft eine betont steife Haltung. Manche bekommen Kreuz- und Rückenschmerzen, weil sie »ein Kreuz zu tragen haben«, sich eine psychische Last aufgebürdet haben und nun »den Kopf hochhalten« wollen. Die Folge ist eine permanente Muskelspannung, die zu Schmerzen führt, wenn der Betreffende angstvoll darüber nachgrübelt und dabei die Muskeln weiter verspannt.

Offenbar sind Rheumakranke angstvolle Menschen, die eine übertriebene und erstarrte Lebenshaltung aufweisen. Enttäuschung und Ärger vermögen sie nicht mit Worten oder Dickfelligkeit aufzufangen, und so zeigen sie eben eine stramme Haltung, die bis zur »Halsstarrigkeit« gehen kann. Die Aggression, die sie als verboten unterdrücken, manifestiert sich im Körper als Muskelanspannung, gleichsam im Symbol einer »geballten Faust«. Arthritische Verkrümmungen sind, so betrachtet, körperliche Äußerungen einer seelischen Vergewaltigung. Deshalb bleibt es bei diesen Patienten nicht allein bei der Muskelverspannung; es kommt zu anderen Begleiterscheinungen wie Kopfschmerzen, Herzbeschwerden und Erschöpfungszuständen. Auffallend bei ihnen sind die großen Hingabebedürfnisse und Abhängigkeitswünsche den Angehörigen und dem Arzt gegenüber. Ihre übertriebene Helferhaltung ist Ausdruck eines gewissen Machtbedürfnisses, mit dem sie die innere Ohnmacht verdecken und auszugleichen versuchen.

Finanzielle Probleme oder Familienstreitigkeiten spielen als auslösende Faktoren eine besondere Rolle.

Natürlich gibt es auch erklärbare, einsichtige organische Mängel, die als Ursache der rheumatischen Erkrankungen gelten. So ist inzwischen bekannt, daß die Betreffenden Schwierigkeiten haben, Eiweiß abzubauen. Das Eiweiß führt bei ihnen zur Übersäuerung des Gewebes, vor allem der Gelenkschleimhäute. Eine entsprechende Diät, besonders basenüberschüssige Ernährung wie Gemüse, Salate, Rohkost und Kartoffeln kann hier Abhilfe leisten.

Allerdings wird der Kranke ohne Medikamente nicht auskommen können. ACTH-haltige Spritzen (Adeno Corticotropes Hormon, das im Hirnanhang erzeugt wird) haben sich gut bewährt. So gehen die Schmerzen bei schwangeren Frauen zurück, da sie während der Schwangerschaft größere Mengen an ACTH produzieren.

Nimmt man Bezug zur Umgangssprache, so entdeckt man deutliche Hinweise auf mögliche Ursachen, die in der Lebensführung und Persönlichkeitsstruktur liegen. Schmerzen in der Halswirbelsäule verraten unter Umständen eine trotzige Be-haupt-ung, eine halsstarrige Zielstrebigkeit. Nicht das »Kopfhochhalten« im alltäglichen Leben bereitet hierbei die Schmerzen, sondern erst die hartknäckige Sturheit und Steifheit verursachen ein chronisches Krankheitsbild.

In der Brustwirbelsäule setzen sich die unterschiedlichen Stimmungen am tiefsten und spürbarsten nieder. So können Verzweiflung und Depressionen den Menschen zusammensinken lassen; das wird sichtbar in der Krümmung seines Rückens. Wer sich einer Situation nicht »gewachsen« fühlt, beugt sich resignierend und »hält seinen Buckel hin«.

Kreuzschmerzen sind auch Ausdruck großer Enttäuschung und finden sich überwiegend bei Frauen. Diese Störungen in der Lendenwirbelsäule sind wohl zu unterscheiden von einem Hexenschuß (Lumbago), der durch eine heftige Bewegung oder durch Heben einer schweren Last plötzlich auftritt. Die Erfahrung, daß Psychopharmaka eher als Antirheumatika die Schmerzen zu lindern vermögen, beweist den großen Anteil seelischer Ursachen bei den rheumatischen Störungen. So manche »aufrechte Person«

wird vom Schicksal »gebeugt«, aber ebenso ist ein »Mensch ohne Rückgrat« ein »verdrehter Kerl«.

Noch nie kam jemand zu mir wegen rheumatischer Beschwerden. Aber oft genug wird das Rheuma als Begleitsymptom zufällig erwähnt, wenngleich auch nicht in seiner Bedeutung erfaßt. Eine 56jährige Frau wollte wegen ihrer Kopfschmerzen und Schlafstörungen behandelt werden. Daß sie rheumatische Schmerzen und Bewegungshemmungen in beiden Armen und Händen hatte, erwähnte sie zunächst nicht. Ich maß dem ebensowenig Bedeutung bei, bin aber dann doch darauf eingegangen, nachdem ich die Lebensgeschichte der Patientin kannte. Ihre Mutter war eine sehr anspruchsvolle Frau, gegen die die Patientin immer schon Abhängigkeitsgefühle hegte, verbunden mit unterdrückten Aggressionen. Der Vater war zu schwach und vermochte sich nicht gegenüber der autoritären Mutter durchzusetzen. Die Patientin zeigte als Mutter ähnliche Verhaltensformen wie ihre eigene Mutter, unterdrückte jedoch jahrelang heimliche Gefühle der Rebellion. Sie legte sich sozusagen eine »Zwangsjacke« zu und spielte die Beherrschte. Schließlich traten Schmerzen in beiden Armen und Handgelenken auf, die sich verstärkten, sobald ein familiärer Streit »im Anzug« war. Am liebsten hätte sie ja auf den Tisch geschlagen und mit »handfesten« Mitteln für Ruhe gesorgt, aber die Arme verweigerten den Dienst. So blieb sie eine duldende, beherrschte Person, die mit »geballter Faust« fürsorglich aktiv war und einen sehr liebenswerten Eindruck hinterließ.

Hals-, Nacken-, Schulterschmerzen (HNS)

Patienten mit HNS-Beschwerden sind häufig; man schätzt 20 % aller Patienten. Dabei ist im Röntgenbild nicht immer etwas zu sehen. Es handelt sich um eine psychogene Erkrankung, wenn man von berufsbedingten Schäden absieht. Wer stets seinen Buckel hinhält, seinen Kopf oben behalten möchte, hartnäckig oder halsstarrig ist, sich nicht beugen will und sich immer wieder be-haupt-en möchte, wird recht bald muskuläre Funktionsstörungen oder Wirbelsäulensyndrome erleiden.

Das weibliche Geschlecht ist eher betroffen als das männliche. Heute fällt auf, daß junge Menschen weitaus eher befallen werden als ältere, was wohl auf den zunehmenden Leistungsdruck zurückzuführen ist.

In meiner Praxis werden solche Erkrankungen eher als Begleitsymptom genannt. Eine Frau leidet seit Jahren darunter und wird immer noch von Klinik zu Klinik geschickt, obgleich keine organischen Befunde vorliegen. Sie hat als Kind lernen müssen, sich »senkrecht zu halten« und für ihre Geschwister den »Buckel hinzuhalten«. Da sie die älteste war, mußte sie nach dem Tod der Mutter schon früh darauf verzichten, eigenen Plänen nachzugehen. Die zuerst diagnostizierten Bandscheibenschäden waren eine Fehldiagnose ihres Hausarztes. Daß ihr das »Wasser bis zum Hals stand«, merkte nicht einmal sie selbst.

Schließlich war sie den Anforderungen nicht mehr gewachsen und entwickelte einen Rundrücken: Sie beugte sich unter der Last, war niedergedrückt und entmutigt. Der Konflikt zwischen Hergeben und Festhalten, Hingabe und Abwehr, war für sie nicht lösbar.

Manche Rückenschmerzen und Schulterverspannungen haben symbolischen Charakter: Hier können wirkliche oder vermeintliche Verfehlungen zugrundeliegen, die sich durch Kreuzschmerzen manifestieren. Bei Männern sind sie bisweilen unterbewußte Hinweise auf berufliches oder sexuelles Versagen.

Es ist klar, daß Entspannungsübungen oder Gymnastik allein nicht helfen. Hier muß neben den üblichen physikalischen Maßnahmen die Erlebensweise des Patienten hinterfragt werden. Eine analytische Gesprächspsychotherapie, auch die von Viktor Frankl entwickelte Logotherapie, die die Sinnfrage des Lebens aufschließt, ist zu empfehlen.

Vegetative Dystonie

Wenn dem Arzt keine eindeutigen, organischen Befunde vorliegen, sondern nur allgemeine Störungen des Befindens mit vielfältigen körperlichen Symptomen wie Schlafstörungen, Kopfschmerzen mit Schwindelgefühlen, Kreislaufbeschwerden, starkes Herzklopfen u. a., dann schreibt er auf den Krankenschein »vegetative Dystonie«, was so viel wie »unregelmäßige Funktion des Nervensystems« heißt. Damit ist alles und doch nichts ausgesagt.

Etwa ein Drittel der Patienten leidet unter dieser Störung, die auch vegetative Labilität, vegetative Ataxie oder Vegetatose heißen könnte.

Solche allgemeinen Beschwerden sind seelisch verursacht, wobei die Ursachen vielschichtig, übergreifend, nie eindeutig sind. Oft sind sie auch Begleiterscheinungen von Infektionskrankheiten, klimakteriellen Störungen, Allergien und Gemütskrankheiten.

Furcht verändert körperliche Vorgänge. Das Herz klopft stärker, die Schweißdrüsen arbeiten intensiver, Hormone werden produziert. Diese Reaktion ist normal. Bleibt aber der Angstzustand chronisch und über Jahre unbewußt bestehen, so bleibt auch die körperliche Reaktion bestehen. Es kommt dann zu einer bleibenden Störung der Funktion des autonomen Nervensystems, also des vegetativen Systems, das die selbständige Muskulatur der Eingeweide, die Sinnesorgane, die Drüsen, Blutgefäße und Geschlechtsorgane umfaßt. Schließlich weiß der betreffende Patient selbst nicht mehr, warum er jene Störungen hat und schluckt allerlei Mittel dagegen, obgleich die seelischen Ursachen unerkannt und verdrängt weiterbestehen.

So ist der körperliche Zustand eine permanente Alarmreaktion, die aber keine Konfliktlösung zur Folge hat. Der Mensch ist bereit zu einer Verteidigung oder Flucht, die nie stattfindet. Er ähnelt hier dem Patienten mit Bluthochdruck.

Die analytisch orientierte Denkauffassung, der ich mich anschließe, nimmt an, daß die Funktion des Organismus gestört wird, wenn der Sinn des Lebens verloren geht. Der Betreffende leidet also an einem »existentiellen Vakuum«, an einer Sinnleere, die als Folge jegliche sinnvolle Koordination und Funktion des Körpers verlieren läßt. Revoltiert die Seele, leidet auch der Körper. Revoltiert der Körper, erhöht sich das Leiden der Seele.

Patienten mit vegetativer Dystonie sind eher bereit, auch einmal den Gang zum Psychologen zu machen, da ihnen der Zusammenhang zwischen ihren Beschwerden und etwaigen seelischen Ursachen irgendwie einleuchtet. Nach jahrelangem Aufsuchen verschiedener Ärzte erhoffen sie sich nun Aufklärung und Hilfe vom psychologischen Therapeuten. Mit wenig Fragen und viel Zuhören erkennt dieser dann die Isolierung der Patienten vom mitmenschlichen Bereich als Hauptursache ihres Leidens. An-

erkennungsbedürftigkeit und berufliche Überforderung gehen
Hand in Hand; häufig versuchen sie, ihr Verlangen nach Anerkennung durch großen Ehrgeiz und Arbeitsaufwand auszugleichen. Kindererziehung da, Haushalt dort, Beruf hier, Haus-
bau dort stellen eine Überforderung dar, die nicht genügend
anerkannt und auch finanziell gewürdigt wird. In dieser Tret-
mühle verharren die Patienten hilflos, bis eine Depression die
Angehörigen alarmiert, die bis dahin das vielschichtige Unbehagen nicht beachtet, bagatellisiert oder falsch gedeutet haben.
Die Redewendung vom Körper, »der das nicht mehr mitmacht«,
weist auf den Protest des Körpers gegen diesen seelischen Man-
gelzustand hin. In der Tat erweist sich der Körper als Gefängnis
der Seele, wie schon Platon richtig bemerkt hat.
Mitunter scheint es auch so, daß manche Patienten ihre Beschwerden nutzen, um die Rücksichtnahme und das Mitleid der
Familie zu erzwingen. So schlagen sie wenigstens noch einen Ge-
winn aus ihrer Krankheit und erreichen auf Umwegen eine gewisse Anerkennung und Zuwendung. Die Therapie wird dadurch
aber erschwert, weil der Krankheitsgewinn das Konfliktbewußt-
sein noch mehr verdrängt.
Das Gespräch soll im Vordergrund stehen mit dem Ziel, Konflikte bewußt zu machen. Vor allem muß klar sein, daß die Beschwerden bei der vegetativen Dystonie meist harmloser Natur
sind und nach entsprechend veränderter Lebenseinstellung verschwinden oder zurückgehen.
Das Autogene Training vermag die erforderliche Gelassenheit
dem Alltag gegenüber zu vermitteln. Die verständnisvolle und
zuhörende Aktivität des Therapeuten wird das Selbstvertrauen
des Patienten stabilisieren. Zu der medikamentösen Begleitthera-
pie ist im Kapitel V einiges gesagt, insbesondere was Nebenwirkungen betrifft.

Krebserkrankungen

Fast jeder dritte Bundesbürger stirbt an Krebs. Eindeutige Ursachen sind bis heute nicht gefunden worden; Wissenschaftler vermuten aber vorwiegend seelische Ursachen, die durch entsprechende Lebens- und Ernährungsweise noch ergänzt werden. Der Begriff »Krebs« kommt wahrscheinlich von dem eigenartigen Bild her, das sich bei Venenstauungen in der weiblichen Brust darstellt. Diese bei Brustkrebs entstehenden Verzweigungen in der Vene sehen aus wie die Füße eines Krebses.

Bevor ich auf die vielschichtigen Ursachen eingehe, möchte ich diverse Begriffe klären, die mit der Krebserkrankung zu tun haben. Karzinom (griechisch: Krebs) meint eine besondere Krebsart: bösartige Wucherungen auf der Oberfläche der Haut und Schleimhaut sowie des Organgewebes. Sind Stütz- und Bindegewebe betroffen, spricht man von einem Sarkom (griechisch: Fleisch). Tochtergeschwülste heißen Metastasen (griechisch: Kolonien). Ein Tumor ist eine Schwellung, hervorgerufen durch eine Entzündung im jeweiligen Organ. Heute hat sich für das zerstörerische Wachstum der Geschwülste der Begriff »Malignom« eingebürgert, d. h. bösartige Wucherung. Der Einfachheit halber verwende ich im folgenden die Bezeichnung »Krebs«.

Es gibt einen deutlichen Zusammenhang zwischen Umweltverschmutzung und Krebserkrankung: Wer an einer verkehrsreichen Straße wohnt, läuft eher Gefahr, und zwar neunmal häufiger als ein Anwohner einer abgelegenen Straße, krebskrank zu werden. Autoabgase, Ruß und Industriequalm, natürlich auch Nikotin, erhöhen bis zu 80 % das Risiko eines Lungenkrebses, der bei Männern an erster Stelle steht. Da er aber erst nach 20–30 Jahren ausbricht, wiegt sich die Mehrheit der Gefährdeten zu lange in Sicherheit und macht sich glauben, sie könne ebensoalt werden wie die Großvätergeneration, die bis zum letzten Atemzug Tabakrauch inhaliert hat. Hierbei wird der ganz wesentliche Faktor der Ernährung und Lebensweise übersehen, der sich entschieden gewandelt hat und die körperlich-seelische Disposition beeinflußt. Das ist auch die Antwort auf die Frage, warum der eine trotz starken Rauchens nicht krebskrank wird und der andere bei aller Enthaltsamkeit so rasch dahinsiecht.

Auf eine Formel gebracht: Derjenige ist besonders gefährdet, der sich exponiert. Der Hyperaktive, stark Engagierte, der Überforderte, der sich einer Reihe von Streßfaktoren aussetzt, zählt zu den Gefährdeten. Ein solches exponierendes Verhalten gleicht einem Mosaikbild, dessen einzelne Steinchen wie folgt aussehen:

- Er fühlt sich zu sozialen Aktivitäten verpflichtet, oftmals aufgrund seiner religiösen Einstellung.
- Er anerkennt Autoritäten und zeigt mitunter eine starke Unterordnung, die sich als Verpflichtung zum Gehorsam versteht.
- Er fühlt sich körperlich stark und leugnet vorhandene Krankheitsanzeichen.
- Er unterdrückt seine Aggressionen und gibt sich nach außen hin als beherrschte Person.
- Er ist bereit, eigene Bedürfnisse zurückzustellen zugunsten eines harmonischen Verhältnisses mit anderen.
- Er ist übermäßig empfindsam und abhängig von der Zuwendung anderer.

Wer solches Verhalten zeigt, verrät eine starke Verdrängung seiner Bedürfnisse. Er möchte geliebt und geachtet werden und glaubt, das nur erreichen zu können, indem er ein versöhnendes Benehmen an den Tag legt und dadurch sehr rasch soziale Beziehungen aufbaut, in denen er seine früher gemachten Erfahrungen der Ablehnung ausgleichen kann. In der Tat haben Krebskranke auffällig häufig während ihrer ersten Lebensjahre eine sehr enge Beziehung zu einem Elternteil gehabt, jedoch überschattet von einem Mangel an liebevoller Zuwendung. Aus Angst vor Isolation und Ablehnung versuchten sie immer, sich nach den Wünschen anderer zu richten und sich für den anderen zu exponieren. So wurde ihr Verhalten zunehmend leistungsorientiert und aufopfernd, zugleich angstbeladen, weil der Liebesverlust immer wieder drohte, wenn sie einmal nicht die Bedürfnisse der anderen zu befriedigen imstande waren. Für sie ist nach außen hin alles in Ordnung; Triebe und eigene Bedürfnisse werden nach innen verlagert (verdrängt), wo sie sich im Organismus irgendwie »festbeißen«. Das mag so lange gut gehen, wie sie imstande sind, durch ihr aktives Verhalten einen befriedigenden Ausgleich zu finden. Kommen aber Enttäuschungen, Depressionen und Hoffnungslosigkeit hinzu, wird der Weg in die Krebskrankheit endgültig gebahnt. Wer jetzt noch ein Opfer äußerer, negativer Einflüsse wird, wird schwerlich vom vorgezeichneten Weg abkommen können. Solche äußeren Faktoren sind:

- Tabakgenuß sowie ständiges Einatmen von Autoabgasen (gefährdet sind hier vor allem Verkehrspolizisten und Straßenarbeiter)
- Nitrosamingenuß (gepökeltes Fleisch, Wurst)
- Radioaktive Strahlen (gefährdet sind Röntgenärzte und Atomwissenschaftler)
- Medikamentenmißbrauch
- Exzessive Sonnenbestrahlung

Wie schon erwähnt, ist der Lungenkrebs beim Mann die häufigste Krebserkrankung, gefördert durch das Rauchen. Untersucht man die Hintergründe für den Griff zur Zigarette, so kommt man wieder zu seelischen Komponenten wie beispielsweise Ärger oder Angst, Unsicherheit, mundbetonte Ersatzbefriedigung (tiefenpsychologisch als Fortsetzung des Saugens gedeutet), Nachahmung, Ablenkung usw. Selbst wenn diese Gründe von den Rauchern abgelehnt und als »psychologisches Dummgeschwätz« bezeichnet werden, bleibt immer noch die Frage offen, warum sie denn trotz der ersten und zweiten scheußlich schmeckenden Zigarette dabei geblieben sind.

Die bei Frauen häufigste Erkrankung ist der Gebärmutterhalskrebs, der vorwiegend zwischen dem 45. und 55. Lebensjahr auftritt. Es folgt, bei Männern und Frauen gleichermaßen vertreten, der Magenkrebs. Daß der Magen besonders gefährdet ist, habe ich bereits im Kapitel »Magen- und Zwölffingerdarmgeschwür« ausgeführt. Was die Krebserkrankung an der weiblichen Brust und an den Genitalien betrifft, so gibt es statistisch gesicherte Erkenntnisse: Frauen mit unbefriedigenden oder seltenen Sexualkontakten finden sich auffallend oft unter den Brustkrebskranken. Viele heiraten spät oder gar nicht; sie stillen ihre Babys nicht oder nur ungern. Hier mag auch eine Erklärung für die hohe Brustkrebserkrankung bei Nonnen zu finden sein. Andererseits erkranken sexuell sehr aktive Frauen sehr viel häufiger am Gebärmuttermund. Wesentlich ist hierbei aber weniger die Quantität der sexuellen Aktivität, sondern vor allem die persönlich empfundene Lebensqualität. Wer Unzufriedenheit und Unerfülltheit empfindet, erkrankt eher. So kann die sexuell Überaktive ebenso wenig erfüllt sein, wie die Enthaltsame unzufrieden sein muß. Die innere Einstellung ist eben doch ein ganz wichtiger Faktor in der seelisch-körperlichen Befindlichkeit eines Menschen.

Krebs ist aufgrund seiner vielschichtigen Herkunft nicht mit einer Methode zu bekämpfen. Hierzu bedarf es mehrerer Therapien gleichzeitig. Am besten bleibt immer noch die Vorsorge, die in einer entsprechenden Lebens- und Denkweise besteht. Wichtig ist es, daß der Patient wieder lernt, seine Bedürfnisse zu äußern und zu befriedigen. Ist die Krankheit einmal ausgebrochen, ist ihre Verleugnung ausnahmsweise hilfreich, weil hierbei das Ignorieren der Symptome psychische Lebensenergie freisetzt. Wer keine Abwehr aufbaut, versackt in der Krankheit und stirbt früher. Wer Hoffnungen hegt und so tut, als ob nichts wäre, hat mehr Chancen.

Rauchen, Trinken und Medikamentenmißbrauch müssen abgestellt werden – Hypnosen können hierbei nützlich sein und auch eine gelassenere, selbstbewußtere Haltung fördern. Die exponierenden Faktoren, die Enttäuschungen verdecken sollen, müssen reduziert werden zugunsten einer aggressiven Entladung, wie sie in Kapitel V beschrieben ist. Neben der Chemotherapie und physikalischen Therapie muß eine existentielle Problemaufhellung (Analyse oder Gesprächstherapie) erfolgen, die eine Korrektur der verdrängenden und hyperaktiven Lebenshaltung sowie der angstbesessenen Denkweise verlangt.

In den letzten Jahren diskutieren Schul- und Alternativmediziner heftig mit- und gegeneinander über die Wirksamkeit neuer Heilmethoden, die die aggressive Krebstherapie ablehnen. In der Tat wird bei uns zu rasch mit dem Skalpell hantiert; operative Ein- und Wegschnitte können ein Zellgewebe reizen und seine Streuung fördern. Die Chemotherapie bringt enorme körperliche und seelische Belastungen mit sich. Immer wieder hört man von Patienten, die sich der Schulmedizin entziehen und gute Erfolge mit »Außenseitermethoden« haben. Doch wenn es dann schiefgeht, melden sich die Vertreter der Allopathie anklagend zu Wort.

Depressionen

Immer mehr Geplagte zwischen dem 30. und 60. Lebensjahr greifen zu Antidepressiva, kennen das Gefühl von Freude und Spontanität nicht mehr, sind entscheidungsunfähig, antriebsgelähmt, gereizt, spielen nicht selten mit Selbsttötungsabsichten und interessieren sich für nichts mehr auf der Welt außer ihre Krankheit.

Die Depression ist eine typische Krankheit der Leistungsgesellschaft geworden; in armen und primitiven Bevölkerungsschichten ist sie weniger verbreitet, als bei den wohlhabenden, zivilisierten. Leistungsdenken, pedantischer Formalismus, übertriebene Gewissenhaftigkeit sowie Ordnungsliebe zeichnen den depressiven Charakter aus. Fromme Christen sind weit häufiger betroffen als laue Kirchgänger; Erwachsene, die als Säuglinge nie oder wenig gestillt wurden, sind eher anfällig als ihre Mitmenschen, die intensiven Kontakt mit der Mutterbrust hatten.
Die Depression hat viele Gesichter. Ihre Ursachen sind so unterschiedlich wie ihre Symptome. Ungeachtet der mannigfaltigen Depressionserscheinungen lassen sich die Depressiven allgemein folgendermaßen beschreiben: Sie sind korrekt gekleidet, sind hilfsbereit und genau, zeigen aufopfernde Sorge und Pflichttreue, leisten in jeder Hinsicht viel, meiden Streit und suchen alles, was Harmonie und Frieden schaffen kann, unterdrücken ihre Aggressionen, bis sie glauben, daß sie gar keine haben, leiden mitunter an Schlafstörungen, Appetitmangel, Verstopfung, Kopf- und Magenschmerzen. Manchmal neigen sie zu verstärktem Geldausgeben und zu außerordentlicher Eßsucht. Andere wiederum verweigern fast jede Nahrung, magern ab und rauchen sich zu Tode. Oder sie greifen zur Flasche und werden zu »armen Schluckern«. Schließlich gibt es noch die, die sich in die Arbeitswut flüchten, um der Sinnlosigkeit und Langeweile zu entgehen.
Nicht jeder, der solches Verhalten zeigt, muß notwendigerweise depressiv sein. Daher ist es unumgänglich für die richtige Therapie, die Art und Weise, die Herkunft und genaue Symptomatik der Krankheit zu kennen. Die Medizin kennt viele Formen der Depression, die sich vereinfacht auf folgende zusammenfassen lassen:

- reaktive Depression: z. B. Trauer nach Verlust eines Menschen, Schockreaktion nach schweren Enttäuschungen oder Mißerfolgen.
- Erschöpfungsdepression (Burn-out-Syndrom): Folge von Überarbeitung und Streß, vornehmlich zwischen dem 30. und 50. Lebensjahr.
- hormonell bedingte Depression: Schwangerschaft, Klimakterium, Mangelerscheinungen, z. B. Serotonin.
- neurotische Depression: Folge frühkindlichen Liebesmangels, Fehlerziehung, verkümmerte oder fehlende Kreativität.
- agitierte Depression: psychomotorische Unruhe, Erregung, auf der Stelle tretend, ist ein Zustandsbild der endogenen Depression.
- endogene Depression: keine erkennbare Ursache, gelegentlich mit manischen Phasen wechselnd, starke Angst. Häufig Rückfälle.

Am häufigsten und von unterschiedlicher Dauer ist die *Trauer.* Sie beansprucht etwa ein halbes bis ein Jahr und weicht dann normalerweise einer neu auflebenden Kreativität und Lebensfreude. Jedoch bleibt mancher in dieser Trauer stecken, vor allem, wenn mit dem Verlust der geliebten Person sein eigenes Ich begraben wurde. »Ohne dich kann ich nicht leben« ist sein Spruch, der den Verlust der eigenen Integrität und Identität verrät. Versucht er dabei, seine Gefühle zu verstecken, Tränen zu unterdrücken und sich zusammenzureißen, dann verschlimmert sich die Situation. Der gesunde Trauernde zieht sich für eine kurze Zeit zurück, gibt sich dem Schmerz hin, und versucht durch geistige Wiederholung früherer Erlebnisse allmählich sich mit der neuen Lage anzufreunden. Selbst eine Scheidung bringt mitunter solche Symptome mit sich.

Der Trauernde soll trauern, weinen, sich zurückziehen können. Freunde sollten ihn aufsuchen, still anwesend sein und nicht mit falschen Tröstungen aufwarten, wie beispielsweise: »Kopf hoch – es wird schon wieder« – »Reiß dich zusammen« – »Nun wein' doch nicht« usw. Die Tabuisierung des Todes in unserer Gesellschaft trägt noch mehr zu einer verdrängenden und damit schlimmer werdenden Depression bei. Die Trauer stellt eine Arbeit dar, die bewußt und intensiv geleistet werden muß, um sie rasch und ohne seelische Schäden überleben zu können.

Die *Erschöpfungsdepression* ist weit verbreitet und oftmals als solche nicht erkannt. Sie kann sich hinter einer »vegetativen Dystonie« verbergen, hinter chronischen Migräneanfällen oder hinter einer allgemeinen Unlust und Nervosität. Schlafstörungen treten ein, Lärmempfindlichkeit und Angst quälen den Körper, die Konzentration läßt nach. Psychopharmaka stellen hierbei nur provisorische Hilfsmittel dar, weil Nebenwirkungen auftreten und die Gewöhnung zu einer Dosiserhöhung führt. Massagen sind immer gut, zumal die Depressiven an Muskelverspannungen leiden. Ein offenes Gespräch mit dem Partner oder mit einem guten Bekannten dient der ersten Erleichterung, denn das Zurückhalten von Gefühlen zementiert die Krankheit nur.

Wichtig ist die Bewußtmachung der eigenen Bedürfnisse, die jahrelang unterdrückt wurden, beispielsweise der abendliche Ausgang in ein Restaurant oder Kino, irgendein Hobby oder eine gemeinsame Aktion mit Freunden, der Gang zum Friseur usw. Ich erlebe es immer wieder, wie gerade Hausfrauen ihre Wünsche zurückstellen zugunsten der Familie und dabei allmählich seelisch draufgehen. Als Frau M. zu mir kam, litt sie zunehmend an der Angst, es nicht zu schaffen. Mit leiser, fast weinerlicher Stimme wies sie wiederholt darauf hin, daß sie für eigene Ideen keine Zeit mehr habe, daß ihr Mann sie nicht verstehe, daß die Kinder ihr keine Zeit zum Ausruhen ließen. Sie fühlte sich total überfordert, träumte von einem neuen Mantel, den sie sich nicht laut zu wünschen wagte, weil ihr Mann jeden Pfennig für den Weinberg brauche. Frau M. war die typische Vertreterin der unterdrückten, sich aufopfernden und zugleich hilflosen depressiven Patientin.

Auf mein Drängen hin begann sie wieder zu sticken und einmal in der Woche mit anderen Frauen zum Schwimmen zu gehen. Noch am Tag des ersten Gesprächs mit mir ging sie mit ihren Kindern in ein Café und »verbummelte« so eine ganze Stunde. Schuldgefühle bekam sie nicht, weil sie dies als therapeutische Notwendigkeit ansah. Im vierten Gespräch kam ihr Mann mit, der überrascht war, als er von den bescheidenen Wünschen seiner Frau hörte. Glücklicherweise war er bereit, zweimal in der Woche ein Hausmädchen einzustellen, damit seiner Frau regelmäßig mehr Zeit für ihre persönlichen Interessen blieb.

Generell läßt sich sagen, daß die von der Erschöpfungsdepression Betroffenen nach wenigen Veränderungen ihrer Lebenssituation (z. B. kürzertreten und gelassener reagieren) gesunden und neue Lebenskräfte aktivieren. Sie sollen zwischenmenschliche Beziehungen aufrechterhalten, ein Hobby pflegen und öfter kleine Bummel durch die Stadt machen. Freizeit und Beruf müssen streng unterschieden werden, sonst wird der Sonntag und Feierabend zu einem lustlosen Arbeitstag. Das Autogene Training kann bei der körperlichen Entspannung gute Hilfe leisten.

Die *hormonell bedingte Depression*, die besonders typisch bei Schwangerschaft und Klimakterium auftritt, sollte mit Hormonen behandelt werden. Hierbei kann die von der Patientin aufgezeichnete Temperaturkurve dem Arzt sehr nützlich sein. Er sieht dann, ob der Verlauf der Körpertemperatur, die nach dem Aufwachen im After oder in der Scheide mit einem Spezialthermometer zu messen ist (und zwar drei Monate lang), nicht in Ordnung ist.

Klimakterielle Depressionen hängen meist mit der veränderten Lebenslage zusammen: Die Frau sieht sich zunehmend als unattraktive Person, verliert ihren Lebenssinn und gerät in eine Krise, die als »Midlife-crisis« ziemlich hochgespielt wurde. Hier zeigt sich die Schwierigkeit, in Ehren grau und alt zu werden; bei manchen stellt sich jetzt ein Gefühl des Versäumthabens ein. Wer es bis jetzt immer auf Äußerlichkeiten abgesehen hatte, wird es besonders schwer haben. Auch in dieser Zeit tut sich derjenige leichter, der frühzeitig Vorsorge getroffen hat und nun Hobbies betreiben kann: Gartenpflege, Bastelarbeiten, sportliche Tätigkeiten, soziales Engagement, Stammtischtreffen usw.

Die *neurotische Depression* ist gekennzeichnet durch einen unregelmäßigen Verlauf. Ihre Ursache ist nicht zu erkennen; die Auslöser sind mitunter so geringfügig und banal, daß sie zur Erklärung nicht ausreichen. Medikamente helfen so gut wie nicht, während eine psychologische Therapie eher nützt. Der Betreffende verbirgt seine Schwermut hinter fröhlichem Gebaren, so daß die Umwelt irritiert wird, wenn sie das wahre Gesicht sieht. Er leidet unter Schlafstörungen, die auch nicht mit den üblichen

Mitteln wie Lexotanil, Adumbran, Valium, Librium verschwinden. So dreht sich der Patient im Kreis, kommt sich selbst fremd vor und vermag seinen Zustand ganz und gar nicht zu verstehen. Untersucht man die Kindheitsgeschichte solcher Patienten, findet man rasch bemerkenswerte Zusammenhänge. Allen Patienten gemeinsam sind hierbei Mangel an Zuwendung und Geborgenheit sowie eine unterdrückende, strenge Erziehung. Ansonsten hat sich in der Kindheit nichts Bedeutendes, kaum Erfreuliches abgespielt; sie erscheint eher grau und verblaßt. Manche Väter zwangen ihre Kinder in bestimmte Berufslaufbahnen, die den Interessen der Kinder nicht entsprachen. Manche Mütter verwöhnten ihre Kinder, weil sie kurz vorher Unrecht an ihnen taten und dies nun wiedergutmachen wollen. So entsteht allmählich eine Haßliebe zu den Eltern, die man als Wurzel der neurotischen Depression betrachten kann.

Hier ist eine Angsttherapie angezeigt, da neurotisch Depressive auch unter Angstgefühlen leiden. Psychopharmaka helfen kaum, sind eher verzögernd, da sie die Symptome zudecken. Massagen, Heilgymnastik, vielleicht auch Yoga oder Autogenes Training können befreiende Wirkungen haben. Vor allem aber sollte die Krankheit nicht so tragisch genommen und durch Grübeleien sowie Selbstmitleid verstärkt werden. Wenn man bedenkt, daß 90 % der westlichen Welt in irgendeiner Weise neurotisch sind, dann darf man sich getrost in guter Gesellschaft wähnen. Die Neurose scheint das Normale zu sein.

Bei der *agitierten Depression* findet sich das Immer-wieder-Ansetzen-Wollen und eine innere Unruhe. Solche Patienten treten auf der Stelle, wiederholen immer die gleichen Sätze und ringen mit den Händen. »Ich kann es nicht, ich kann es nicht, das schaffe ich nicht« sagte ein junger Mann ständig, wobei er vom Stuhl aufstand, sich wieder setzte und große Unruhe verbreitete. Manchmal setzen sich Zwangsimpulse fest, die aber nicht in die Tat umgesetzt werden, z. B. jemanden mit dem Messer töten oder sich selber in die Tiefe stürzen wollen. Das Gegenstück dieser agitierten Symptomatik ist die gehemmte endogene Depression. Beide zählen zu den affektiven Psychosen, was soviel bedeutet wie Verlust der realen Empfindung, Störung der normalen Gefühlslage. Im hohen Alter kann eine Wahnbildung hinzukommen,

d. h. paranoide Empfindungen: Der Betreffende fühlt sich verfolgt, verdächtigt die eigene Verwandtschaft eines Mordkomplotts gegen ihn, befürchtet, vergiftet oder abgehört zu werden u. a.

Schließlich gibt es noch die von innen kommende, *endogene Depression*, deren Ursache völlig schleierhaft ist und die manche Ärzte zu den Psychosen, den geistigen Krankheiten, rechnen. Sie wird vererbt und zeigt sich bisweilen in Schüben, die bei manchen Patienten auch manische, also heiter-erregte und übertrieben aktive Stimmungen haben können. Diese Schübe oder Phasen wechseln ständig. Bei dieser Krankheit ist die chemotherapeutische Behandlung die beste, wenngleich sie auch nicht zur vollständigen Heilung führt. Da bei dieser Depressionsform die klinische Beobachtung über längere Zeit hinweg erforderlich ist, also eine stationäre Behandlung erfolgt, möchte ich hier nicht weiter auf sie eingehen.

Wesentlich erscheint mir aber noch eine Bemerkung zu der Gefahr des Selbstmords, die ja bei Depressiven immer wieder mitschwingt. Wer beispielsweise eine Selbsttötung ankündigt oder auch nur einen solchen Gedanken laut ausspricht, muß ernst genommen werden. Doch nicht immer wird der Freitod angekündigt. Wiederholte Gespräche über den Tod, Erkundigungen über Wirkungen von Tabletten und ähnliche Themen sollten zur Vorsicht mahnen. Bei manchen Patienten ist vor der Tat eine auffällige Ruhe zu beobachten. In Akutsituationen wie Liebeskummer, Geschäftsbankrott, plötzlicher Einsamkeit oder Arbeitslosigkeit müssen die Angehörigen eine erhöhte Vorsicht und Sensibilität an den Tag legen, um selbst spielerische Gedanken mit dem Tod richtig einzuschätzen. Jeder mißglückte Selbstmordversuch ist als SOS-Ruf zu deuten, als dringende Bitte um mehr Zuwendung und Verständnis.

Ängste

Angst ist ein Bestandteil unseres täglichen Lebens. Sie ist die normale Antwort auf eine unbekannte Gefährdung des Lebens; Furcht hingegen ist die Reaktion auf eine bekannte oder vorgestellte Bedrohung, also gegenstandsbezogen; Furcht vor einem

Hund, vor einer Hochspannungsleitung, vor dem Herrn Schmitt usw. Wenn die Furcht intensiv wird, sprechen wir von Panik. Infolge der Adrenalinausschüttung (Hormon der Nebennierendrüsen) kommt es zu Erregungszuständen. Herzklopfen, Harndrang, Zittern, Gereiztheit, Fluchthaltung oder auch Totstellreflex bis hin zur Ohnmacht sind die Folge. Manche werden plötzlich von einer Angst befallen, die ihre gesamte Existenz und Bewegungsfreiheit einschränkt, von einer krankhaften Angst, Phobie genannt, auf die weiter unten näher eingegangen wird.

Angst zeigt sich in vielen Symptomen; neben den deutlichen, eben erwähnten körperlichen Anzeichen gibt es noch eine Reihe von Verhaltensreaktionen, die der Laie nicht sofort als Angstsymptome deutet: beispielsweise das Nichternstnehmen und Überfliegen der Wirklichkeit. Insbesondere bei Horrorfilmen wird das deutlich, wenn der Zuschauer gerade bei den angsterregendsten Szenen lacht oder ironische Bemerkungen macht. Hier drückt sich eine unterschwellige Angst vor der Möglichkeit der Wirklichkeit aus. Oder wenn jemand vor Anstrengungen ausweicht, weil er einen Mißerfolg ahnt. Typisch ist die Angst des Sportlers vor einer besonders schwierigen Übung, die ihn erkennen läßt, daß etwas schiefgehen wird. Auch im Nichtzuendeführen des Begonnenen, in der Angeberei, im nervösen Kettenrauchen, im Leugnen eines Fortlebens nach dem Tod, in der Eifersucht, im Lügen, im starren Festhalten an Normen, Traditionen und »Man«-Gesetzen (»Das tut man nicht!« – »Man hat sich danach zu richten«) kann sich Angst verbergen. Grundsätzlich entsteht sie immer dann, wenn man sich nicht annehmen kann, wenn man in sich etwas ablehnt, wovon man zugleich glaubt, daß es doch zum Durchbruch kommen wird.

Auffallende Merkmale der Angst sind Reizbarkeit und lautstarkes Benehmen. Solche Menschen sind leicht aus der Fassung zu bringen, brüllen den Gesprächspartner an; zugleich sind sie rasch ermüdet und können kaum ihre tägliche Arbeit bewältigen. Ist der Angstzustand Dauerstimmung, kommt es zu verstärkten Empfindungen des Herzschlags, zu Zittern, zu depressiven Verstimmungen; schließlich kann sich das Gefühl auf Situationen übertragen, die bis dahin als harmlos und alltäglich empfunden wurden, zum Beispiel auf menschengefüllte Plätze, auf Fahrstühle und enge Räume, auf weite Plätze und öffentliche Verkehrsmittel. Hier wird die Angst plötzlich zu einer Phobie.

Häufig verbreitet ist die Versagungsangst, also das beklemmende Gefühl, einer Aufgabe nicht gewachsen zu sein, wobei schon der Gedanke zu versagen den Mißerfolg heraufbeschwört. Der Schüler, der am Vorabend seiner Prüfung mit Bangen an einen möglichen Mißerfolg denkt, bewegt sich bereits im Vorfeld des Versagens: Seine ängstliche Erwartungshaltung wird ihn schon vor der Prüfung blockieren. Er schwitzt, träumt vielleicht schlecht, bekommt Magen- oder Kopfschmerzen, mitunter Durchfall und einen Kloß im Hals.

Untersucht man die Biographie von Angstpatienten, so findet man oft eine überängstliche Mutter vor, einen zu strengen Vater und ein ordnungsliebendes, zur Korrektheit neigendes Familienmilieu. Versagertypen sind unselbständige, angepaßte Menschen, die wenig Selbstbewußtsein entwickeln konnten und sich selbst nicht sehr positiv einschätzen. Das beste Mittel, die Versagungsangst abzubauen, besteht zunächst einmal darin, die eigenen Fähigkeiten und Interessen wieder bewußt zu machen und durchzusetzen. Dann sollte man sich daran machen, einzelne, im Schwierigkeitsgrad steigende Aufgaben zu lösen, niemals aber einer Situation auszuweichen. Solche Aufgaben könnten sein: Jemanden auf der Straße ansprechen, lästige Bitten von Kollegen abschlagen, sich beim Kellner über das Essen beschweren, einen Kurs an der Volkshochschule belegen und mit einer Prüfung abschließen, im Lokal einen sympathischen Menschen ansprechen usw.

Hierbei hat der Betroffene Möglichkeiten, sein Selbstwertgefühl aufzubauen, ohne ein folgenschweres Risiko einzugehen. Da der Erfolgszwang fehlt, bleibt die Angst im erträglichen Maß. Dadurch erzielt er mehr Erfolge und somit schließlich ein höheres Selbstbewußtsein. Daneben empfiehlt sich Autogenes Training oder Yoga mit der Formel »Ich schaffe es, ich handle fest und entschlossen und erreiche sicher mein Ziel. Angst gleichgültig.«

Weitaus belastender und auch körperlich folgenschwerer sind die Phobien, die sich nur in Verbindung mit bestimmten Situationen oder Objekten einstellen, wobei sie in keinem Verhältnis dazu stehen und sich jeder willentlichen Kontrolle entziehen. Die meisten Menschen entfliehen diesen Situationen und verstärken dadurch noch ihre Ängste; vor allem schränken sie ihren Lebensraum stark ein.

Da ist die weit verbreitete Platzangst, Agoraphobie genannt. Sie macht den Betreffenden unfähig, über bestimmte Straßen und Plätze zu gehen, sich in Kirchen, Lokalen und menschenerfüllten Gebäuden zu bewegen. Sie zeigt sich in allen möglichen Kombinationen und wird auch Klaustrophobie genannt, wenn sie sich auf kleine, enge Räume bezieht, beispielsweise Fahrstühle, Autos, Zimmer mit niedrigen Decken usw. Die Phobiker haben in solchen Momenten das Gefühl, sie müßten umfallen. Ihre Beine zittern, der Schweiß bricht aus; sie leiden unter Erstickungsanfällen, Atemnöten, nervöser Reizbarkeit und Verkrampfungen. Manche spüren ein Globusgefühl im Hals; andere bekommen rote Flecken im Gesicht. Geschickt umgehen sie Plätze und Gebäude. Manche sitzen nur noch zu Hause herum, von ihren Kindern belächelt, sich ihrer Ängste schämend.

Zwingen sie sich dennoch dazu, jene angstauslösenden Stellen aufzusuchen, dann dient nicht selten ein Fahrrad, Kinderwagen oder eine große Tasche als Beruhigungsmittel. Sie klammern sich an diesen Gegenständen fest, schauen starr auf den Boden und empfinden die einbrechende Dunkelheit als angstdämpfenden Schutzmantel.

Frau E. litt schon seit zwölf Jahren unter Platzangst und fand sich endgültig damit ab, nachdem ihr der Arzt sagte, das käme wohl von ihrer verkrümmten Wirbelsäule. Auf großen Plätzen und Straßen überkam sie jedesmal ein gewaltiges Zittern in den Beinen und Schwindelgefühle. Im Verlauf von sechs Einzelstunden suchte ich mit ihr genau jene Stellen auf, die sie sonst mied, und forderte sie mit sanftem Nachdruck auf, die Angst umzufallen ganz intensiv zu wünschen mit dem immer wieder zu denkenden Satz »Ich will jetzt umfallen und zittern. Die Leute sollen mal sehen, wie schlecht es mir geht. Sobald ich da hinten angekommen bin, will ich sofort umfallen!« Nach mehrmaliger Übung mußte sie feststellen, daß ihre alten Befürchtungen nicht eintrafen. Schließlich verblaßten ihre Angstempfindungen, so daß sie in der Lage war, jederzeit alle Plätze der Stadt aufzusuchen. Diese Methode der paradoxen Intention, die sich gerade bei Platzängsten bewährt hat, ist in Kapitel V genau beschrieben.

Den Angehörigen solcher Patienten sei gesagt, daß diese Störung eine echte Krankheit darstellt, nicht etwa auf Einbildung beruht oder gar billige Drückebergerei ist. Der Wille allein reicht nicht aus, die Platzangst zu beheben. Wem die Methode der paradoxen Intention nicht so sehr liegt, der kann sich einer anderen Übung bedienen, die sich »systematische Desensibilisierung« nennt, d. h. allmählicher Abbau von Angstgefühlen. Wie das aussieht, beschreibe ich im folgenden kurz:

Nehmen wir an, der Patient meidet vorwiegend Gebäude und Plätze, wo sich viele Menschen einfinden, also Kaufhäuser, Märkte, Kirchen und Theater. Schon der Gedanke daran bereitet ihm Atemnot. Was ist zu tun? Zunächst muß der Patient seine Ängste in eine Hierarchie aufgliedern, also nach den verschiedenen Graden ordnen. Er beginnt mit der leichtesten, kleinsten Angst. Beispielsweise empfindet er auf dem Marktplatz nur eine leichte Angst mit wenig Atemnot. Im Kaufhaus wird es dann schon ein bißchen stärker. Der Besuch in einer Kirche ist ihm nur unter unumgänglichen Gründen möglich; das Theater meidet er überhaupt. Nach dieser groben Hierarchie kann er noch feiner differenzieren. Am Ende hat er eine Liste voller Angststufen. Nun beginnt er mit der leichtesten, begibt sich also auf den Markt, um etwas zu kaufen. Er geht dabei so weit, bis er glaubt, nicht mehr weiterzukommen, weil er Atemnot verspürt. Hier hält er inne, muß nun die Situation aushalten, bis die Angst kleiner geworden ist. Das Zurückgehen seiner Angst und Atemnot tritt mit Sicherheit ein. Er darf aber niemals umkehren, weil sonst ein totaler Rückfall erfolgt. Nach dieser Pause geht er weiter, bis eine neuerliche Angst ihn erfaßt. Er wiederholt die Übung noch einmal, hält inne, wartet, geht weiter. An den folgenden Tagen geht er wieder zum Markt, bis er ihn angstfrei überqueren bzw. dort einkaufen kann.

Nun folgt die nächste Stufe in der Angsthierarchie. Er sucht ein Kaufhaus auf. Auch hier geht er schrittweise vor, hält immer wieder inne, bis die Angst vergeht. Auf diese Weise erfährt er die Harmlosigkeit seiner Angst und traut sich allmählich mehr zu. Am Ende, etwa nach 4 bis 8 Wochen, vermag er sogar eine Kirche aufzusuchen und gar ein Theater, wenngleich er auch den Randsitz in der Nähe des Ausgangs bevorzugt.

Diese Methode der allmählichen Heranführung zum Ziel ist ebenso gut anwendbar bei Tier- und Sozialphobien, bei Höhenoder Kontaktangst. Schwieriger wird es bei der Flugangst, die im Zeitalter der Jets zunimmt. Hier gibt es nicht die schrittweise Hinführung zum Fliegen. Das Problem läßt sich zwar durch die *gedankliche* Vorstellung der einzelnen Angststufen umgehen, aber sie ist im Alleingang wenig hilfreich. Ich empfehle den Gang zu einem Psychologen, der sich auf diese therapeutische Technik spezialisiert hat. In Verbindung mit Hypnosen mag sie helfen; Anschriften von Therapeuten vermitteln die Berufsverbände, die im Anhang erwähnt sind.

Eßsucht

»Liebe geht durch den Magen«, sagen wir und weisen darauf hin, daß die seelischen Empfindungen sich im Eßverhalten manifestieren. Ärger bekommt uns nicht; entweder vergeht uns der Appetit dabei, oder wir stopfen uns in einem Anfall von Heißhunger voll. Diese Störung nennen wir *Bulimie* = Stierhunger. Da hierbei die Angst vor einer Gewichtszunahme besteht, kommt es zu selbst herbeigeführtem Erbrechen oder zur Einnahme von Abführmitteln. Für viele Menschen bedeutet das Essen mehr, als ihnen bewußt ist. »Ich hab dich zum Fressen gern«, signalisiert die Mutter, wenn sie die Flasche ihrem Kind und später ihre Kochkunst dem Partner darbietet.

Das Dickwerden kann so durch frühkindliche Erziehung, also durch allzu häufiges Füttern und Vollstopfen, erreicht werden, wobei nicht selten manche Mutter ihre Kinder »mästet«, um Schuldgefühle zu verdecken. Hat sie beispielsweise einen Jungen erwartet, bringt aber nun ein Mädchen zur Welt, dann mag es sein, daß sie das Mädchen unterschwellig ablehnt. Gleichzeitig verspürt sie Schuldgefühle aufgrund der Ablehnung und beginnt nun, ihre Tochter ständig zu füttern, sozusagen als Ersatzbefriedigung für die vorenthaltene oder nicht ganz ehrliche Liebe zu ihr.

Die Tochter ihrerseits übernimmt dieses Eßverhalten und greift später immer wieder zu Naschereien oder ausgiebigen Mahlzeiten, um ihren unbefriedigten Hunger nach Liebe zu stillen. Natürlich weiß sie um diese Hintergründe nicht; sie begründet ihre Eßsucht mit Hunger. So entsteht eine Fettsucht, *Adipositas* genannt.

Eßsüchtige verlieren vornehmlich dann eine Menge Pfunde, wenn sie sich verlieben, und nehmen zu, wenn sie den Verlust eines geliebten Menschen zu beklagen haben. Vielfach merken sie selbst nichts von jener Veränderung, die völlig unabhängig ist vom Willen. Außerdem ergaben Untersuchungen, daß Eßsüchtige von einem schmackhaften Essen wesentlich mehr aßen als Normalgewichtige; umgekehrt aßen sie entschieden weniger als die anderen, wenn das Essen nicht so gut schmeckte. Auch aßen sie weniger, wenn sie sich das Essen erst besorgen mußten, verschlangen aber riesige Mengen, sobald es vorbereitet vor ihnen stand.

Äußere Reize wie der Anblick eines leckeren Kuchens, aber auch seelische Momente wie Ärger, Streß oder Einsamkeit verführen sie rasch zum Essen als Ausdruck einer Selbstbelohnung. Diese orale Befriedigung ist ein Ersatz für die nie oder mangelhaft erhaltene elterliche Zuwendung.

Der Heißhunger ist also nicht zuerst ein körperliches Bedürfnis, sondern ein seelisches Verlangen nach Liebe, Geborgenheit und Zuwendung. Der Kummer ist es, der diesen unersättlichen Hunger erzeugt. Und so manches überflüssige Pfund ist nichts als »Kummerspeck«.

Viele Eltern benutzen die Nahrung als Erziehungsmittel. Wenn das Kind das Zimmer aufgeräumt hat nach unzähligen Mahnungen und Drohungen, bekommt es die doppelte Portion Eis oder Pudding. Wenn es den Spinat nicht ißt, darf es auch keine Nachspeise essen. So koppeln sie Zuneigung und Nahrungsangebot und überlisten manche Nahrungsverweigerung mit dem alten Spiel »Eins für Papa, eins für Mama«.

Eßsüchtige versuchen, ihre Enttäuschungen auszugleichen, indem sie an Kalorien das in sich hineinfressen, was andere bei ihnen durch ihr ablehnendes Verhalten ausgefressen haben. Sie nehmen ihre Probleme einfach zu wichtig und versuchen, ein Fettpolster gegen Belastungen zu schaffen, das sie dann durch Erbrechen wieder beseitigen.

Eine Therapie setzt die genaue Erhellung der Hintergründe voraus: Wann meldet sich der Hunger? Was wird hauptsächlich ge-

gessen? Wie ist die berufliche, familiäre oder private Situation? Wie sah die Erziehung aus? Kommt Fettsucht bei den Eltern, insbesondere bei der Mutter vor? Gibt es mögliche organische Defekte?

Grundsätzlich muß der Patient die Möglichkeit haben, seine Nahrungszufuhr unter Kontrolle einzuschränken, da er das im Alleingang nicht kann, oft auch nicht will. Appetithemmer sind kaum erfolgreich, da der Hunger ja keine nur körperliche Automatik darstellt, sondern eben eine psychische. Während und nach der Behandlung müssen regelmäßige Gespräche stattfinden zwischen Therapeut und Patient. Hilfreich sind hypnotische Therapien, auch verhaltenstherapeutische Maßnahmen. Empfehlenswert ist es, den Vorrat an hochkalorischer Nahrung im Haus zu verringern und den Zugang zu den Nahrungsmitteln zu erschweren. Außerdem sollte der Patient während des Essens weder lesen noch fernsehen, sondern ganz bewußt und konzentriert essen. Jede Mahlzeit sollte andächtig und in behaglicher Atmosphäre eingenommen werden; auf diese Weise vollzieht sich das Essen in ungeteilter Aufmerksamkeit und in Maßen. Tatsächlich essen Eßsüchtige weniger, wenn sie konzentriert und genießerisch Löffel für Löffel einnehmen. Das bewußte Schmecken ihrer Mahlzeiten läßt offenbar die Menge weniger groß werden.

Das Autogene Training, das manche erlernen in der Hoffnung auf Gewichtsabnahme, hilft allein wenig. Die oben genannten Maßnahmen sowie eine gute, stabile Partnerbeziehung wirken sich am besten aus. Es ist darauf zu achten, daß der Eßsüchtige keine extreme Abmagerungskur oder Nulldiät macht, weil sonst der Organismus zusammenbricht. Der Eßsüchtige benötigt immer ein bißchen mehr Polster als Otto Normalverbraucher. Zu rasche und zu gewaltige Gewichtsabnahme führt zu Gereiztheit und Schlafstörungen, mitunter zu Depressionen. Gruppensitzungen, die die Thematik des Eßverhaltens behandeln, sind sehr zu empfehlen, zumal sie eine Hilfe zur Selbsthilfe darstellen. Hier kann jeder praktizierende Psychologe weiterhelfen.

Magersucht

Die *Anorexia nervosa*, wie die Magersucht in der Fachsprache heißt, ist eine regelrechte Verhaltensstörung, die aufgrund ihrer extremen Nahrungsverweigerung bedrohlich werden kann. Merkwürdigerweise trifft sie fast nur junge Mädchen in der Pubertät, die äußerlich durch ihre magere Gestalt, Knochenvorsprünge und trockene, bleiche Haut auffallen. Twiggy war dagegen eine mollige Figur.

Die Patienten sind rastlos, selbstquälerisch aufopfernd, angepaßt, im schlimmsten Zustand jedoch passiv, wobei ihre großen, glänzenden Augen den Beobachter anschauen, als wollten sie sagen »Bitte hab mich lieb, aber komm mir nicht zu nah!«

Dieser Abmagerungsprozeß ist nicht das Ergebnis einer eitlen, modischen Gesinnung, sondern schwere seelische Enttäuschungen liegen dem zugrunde, auch wenn die Angehörigen keinerlei Anhaltspunkte zu finden glauben.

Erika, 17 Jahre alt, wurde wegen Gewichtsverlust und Appetitmangel von einer Klinik zur anderen geschickt. Die Ärzte fanden keine organischen Befunde, obgleich die typischen Begleiterscheinungen Erbrechen, Verstopfung, Menstruationsstörungen, Bauchschmerzen im Wechsel auftraten. Die Mutter betonte mir gegenüber das »gute Verhältnis zueinander« und erwähnte kurz, daß ihr Mann die Tochter einmal geschlagen habe, eine »Entgleisung«, wie sie meinte. Auffallend an Erika war – und dies ist wiederum charakteristisch für Magersuchtpatienten – ihre brave Angepaßtheit zu Hause, ihre fürsorgende Hilfe im Haushalt. Erika verdrängte Aggressionen, die hie und da durchkamen, wenn sie zum Beispiel die Nahrungsaufnahme trotzig verweigerte, wenn sie log und abends einfach nicht ins Bett gehen wollte.

Sowohl die Lebensgeschichte als auch die Erhellung familiärer Probleme ergaben aufschlußreiche Hinweise auf die Ursache ihrer Erkrankung. Erika war Einzelkind einer gutsituierten Familie, in der auftretende Konflikte stets überspielt wurden, jedoch Anlaß gaben zu ständigen kleineren Querelen. Die Mutter war eine dominante Person, die den Vater ins Abseits stellte. Der Vater gab seiner Tochter nie das Gefühl, ein weibliches, attraktives Kind zu sein. So entschloß sich Erika eines Tages, ihre weibliche Rolle abzulehnen und die Nahrung zu verweigern, Ausdruck einer massiven Identitätskrise. Erste Menstruationsstörungen traten ein. Die Ablehnung der eigenen Geschlechtsrolle als wenig attraktiv manifestierte sich also in der Ablehnung der Nahrung als dem Symbol der Liebe. Gleichzeitig wurde auch die Mutter abgelehnt, die ja als erste Quelle der Nahrung starke gefühlsbetonte Beziehung zum Kind hatte.

Die Kommunikationsfähigkeit war gestört. Selbst gute Worte und sanftes Zureden halfen nichts. Sie vermochte im Familienkreis nicht zu essen; »Gemeinschaft am Tisch« bedeutete für Erika – und sie steht hier für alle Magersuchtkranken – »Gemeinschaft im Bett«, wie es ja sprichwörtlich in einer Ehe gefordert ist.

Die Frage, warum denn ein Mensch so rasch von ein paar Frustrationserlebnissen, also von Enttäuschung, Ablehnung, Liebesentzug usw. in so merkwürdiger Weise krank wird, läßt sich nur mit dem Hinweis auf individuelle Veranlagung, Sensibilität, Erziehung, geistig-körperliche Disposition, Vererbung und Lebenserfahrung beantworten – Faktoren, die erst als Summe den Krankheitsverlauf prägen. Fest steht, daß eine noch so friedliche, »harmonische« Familie oder Eltern-Kind-Beziehung kritisch untersucht werden muß, da hier die primären seelischen Fehlerquellen zu finden sind; denn was der Mutter so friedlich erscheint, kann für das Kind eine ungeheure Belastung sein, wenn hierbei Konflikte überspielt werden und die Dominanz der Mutter das eigenständige Wachsen des Kindes ersticken läßt. Bravheit ist verdächtig, wenn sie einhergeht mit Ängsten, Übersorge und hingebungsvoller Unterordnung.

Doch nicht allein die Mutter muß schuld an jenem Appetitverlust des Lebens haben. Wird zum Beispiel der Bruder oder die ältere Schwester mehr hofiert und als Mensch mit Vorzügen hingestellt, kann sich beim vernachlässigten Kind Unsicherheit bezüglich der Geschlechtsrolle einstellen, die schließlich zur Ablehnung führt. Manchmal äußern solche Mädchen, sie möchten lieber ein Junge sein oder gar nicht erst erwachsen werden.

Sie versuchen alles, den panisch gefürchteten Zustand des »Fettseins« abzuwehren. Dabei demonstrieren sie eine Unabhängigkeit von körperlichen Bedürfnissen, fressen aber heimlich den

Magen voll, um dann wieder alles zu erbrechen. Das Fasten erzeugt Hunger, das durch kurzfristiges Vollstopfen befriedigt wird; schließlich entstehen Schuldgefühle und Ängste vor dem Zunehmen, die sie zum Erbrechen zwingen. So drehen sie sich im Kreis und versuchen immer wieder, ihrer durch die Hungerkuren geschwächten Kontrollmöglichkeiten Herr zu werden.

Die Familien solcher Patienten zeigen einen auffallenden Hang, Konflikte zu unterdrücken und Frieden zu stiften. Das magersüchtige Kind wird getröstet, beklagt, umsorgt; zur Klärung des Konflikts kommt es aber nicht.

In etwa einem Drittel der Fälle wird die Magersucht chronisch. Solche Patientinnen haben ein bestimmtes Überlebensgewicht für sich akzeptiert, leben aber in der ständigen Angst vor einer Gewichtszunahme. Strenge Kontrolle, Erbrechen oder Medikamentenmißbrauch gehen damit einher. Natürlich leiden sie an ihrer Unfähigkeit zu genießen und an ihrem ambivalenten Lebensstil. Sie haben oft Magenschmerzen und kleiden sich so, daß ihr Untergewicht nicht so deutlich erkannt wird.

Die Behandlung einer akuten Magersucht endet oft dann, wenn ein lebensfähiges Gewicht erreicht ist, obgleich die zugrundeliegende Problematik nicht behoben wurde. Dadurch besteht die Gefahr eines Rückfalls.

Zum Trost der betroffenen Familien, die sich schuldig fühlen, muß gesagt werden, daß nicht immer die Fehler in der Erziehung zu suchen sind. Wenngleich ich hier auch auf typische Verhaltensprobleme der Erzieher eingegangen bin, so bleibt dennoch ein großer Teil derer übrig, die nichts getan haben, was eine solche Sucht erklären ließe. Es gilt immer noch die Regel: Nicht die Umstände machen mich krank, sondern meine Gedanken über die Umstände. Also: Nicht irgendwelche Fehler in der Familienstruktur müssen als Sündenbock herhalten, sondern die Einstellung der Patientin zu sich selbst und zu den anderen. Die Schuldzuweisung an die anderen dient oft der Schaffung eines Alibis, um nicht bei sich selbst schauen und Veränderungen herbeiführen zu müssen.

Anschriften von Selbsthilfegruppen und Kliniken sind im Anhang zu finden.

Hauterkrankungen

Wenn wir unsere Spracheigentümlichkeiten betrachten, so ist einer, der »aus der Haut fahren will«, ein aggressiver, verärgerter Mensch. Kann er nicht »aus seiner Haut heraus«, obgleich er sich »in seiner Haut nicht wohlfühlt«, dann wird etwas anderes heraustreten. So wirken sich viele Erlebnisse, die »unter die Haut gehen«, auf der Oberfläche aus: Erröten, Erblassen, Schwitzen, Jucken, Frieren usw.

Die Hautsensibilität ist bei den Menschen unterschiedlich; sie hängt von der Erziehung, Körperpflege, Veranlagung und von der Fähigkeit ab, Erlebnisse zu verarbeiten. Wer »ein dickes Fell hat«, ist gewiß nicht sehr sensibel. Die Haut erscheint als äußeres, sichtbares Zeichen für manche seelisch-körperlichen Vorgänge, die mit ihr »auf den Markt getragen werden«, also unverhüllt zu sehen sind: Aknen, Quaddeln, Ekzeme, Schuppen.

Das Zentralnervensystem und die Haut sind aus der gleichen Keimanlage geschaffen; demzufolge reagiert nicht nur das Nervensystem, sondern auch die Haut auf seelische Belastungen.

Es ist bekannt, daß die Pubertäts*akne* im Gesicht und am Rücken des Heranwachsenden einmal ein Ergebnis der Talgdrüsensekretion ist, zum anderen sich bei seelischen Problemen verstärkt zeigt und gegen alle medizinischen Methoden hartnäckig durchsetzt. Im allgemeinen verschwindet sie, sobald der Betreffende aus der Erregungsphase der Pubertät in die erste Ruhepause des Erwachsenenalters hinübergetreten ist.

Die verbreitete *Psoriasis* (= Schuppenflechte) läßt zunächst keine psychische Ursache erkennen, findet sich aber häufig bei Menschen, die unter dem Verlust einer geliebten Person leiden. Allerdings weiß ich nicht, ob hier die Krankheit Ursache des seelischen Leidens ist oder umgekehrt. Hier liegen noch keine gründlichen Untersuchungen vor. Die Psoriasis ist eine Erbkrankheit und somit oft aus dem Bereich der psychosomatischen Störungen ausgeklammert.

Die *Neurodermitis* ist eine chronische, juckende, oberflächliche Hautentzündung, die schon bei Säuglingen zu finden ist, weshalb man den psychogenen Anteil zu übersehen geneigt ist. Die Persönlichkeitsstruktur solcher Patienten ist vom Bedürfnis nach

Anerkennung und Erfolg geprägt, auch von einer dauernden Gespanntheit und Reizbarkeit. Die Beziehung zur Mutter ist oft erkennbar gestört insoweit, als Berührungen auf ein notwendiges Mindestmaß reduziert sind. Schon ein Säugling kann im Fall einer angeborenen erhöhten Hautsensibilität auf Ängste der Mutter abnorm reagieren. Ich erlebe immer wieder Mütter, auch Kinderschwestern und Erzieherinnen, die dann eine als Ängstlichkeit getarnte Feindseligkeit an den Tag legen, wenn sie selber noch eine infantile Persönlichkeit sind.

Sie tun sich schwer, Kinder zu berühren. »Das, was von ihnen ausgeht, entspricht weder ihrer inneren Einstellung noch ihren Handlungen gegenüber dem Kind«, sagte der bekannte Pädagoge René Spitz.

Eine große Bedeutung kommt dem Kratzen zu. Die Patienten lenken die Aufmerksamkeit der Umgebung auf ihren Körper, um mehr Zuwendung zu bekommen. Beim Kratzen spielen latente feindselige Gefühle eine Rolle, die gegen sich selbst gerichtet werden aus Angst, anderen, etwa der Mutter, weh zu tun. Eine von mir befragte Mutter bemerkte: »Mein Sohn war immer schon sehr zerbrechlich und sensibel. Oft habe ich mich nicht getraut, ihn fest anzupacken.« Hier verbirgt sich möglicherweise unter dem Anschein von Fürsorge eine unbewußte Ablehnung, die ihrerseits mit der Lebensgeschichte der Mutter zu tun hat.

Konflikthafte Partnerbeziehungen stehen in Verbindung mit der Ausbreitung der Ekzeme. Zwei Gruppen lassen sich erkennen:
– Bei verdeckter Störung der Zweierbeziehung beschränken sich die Ekzeme vorwiegend auf den Kopf- und Gesichtsbereich.
– Bei erkennbarer, bewußter Störung dehnt sich der Befall auf Oberkörper und Oberschenkel aus.

Psychotherapie, aber auch äußerliche Maßnahmen wie Sonnenbestrahlung (Solarium) und Salben sind angezeigt.

Der *Juckreiz* ist typischerweise bei reizbaren, ängstlichen und aufgeregten Menschen zu finden, wobei Schuldgefühle, Ärger und sexuelle Unruhe einhergehen. Manche verspüren beim Kratzen einen gewissen Lustgewinn, bekommen aber gleichzeitig Schuldgefühle, weil sie sich wiedermal wundgekratzt haben, und greifen nun als Bestrafung sozusagen die Haut von neuem an, indem sie kratzen. Ein Teufelskreis, der durch lokale Behandlung nicht immer geheilt wird.

Den ersten Schritt zu einer Besserung kann eine analytische Therapie vermitteln: die Aufdeckung möglicher Probleme, vor allem von Störungen der zwischenmenschlichen Beziehungsfähigkeit. Gleichzeitig ist eine medizinische Behandlung wichtig, damit durch das Erlebnis der äußerlichen Besserung das Selbstbewußtsein gestärkt wird.

Hysterische Störungen

Ein 17jähriges Mädchen pflegte stets in Konfliktsituationen, wenn es Streit gab oder wenn es Angst hatte, sich nicht durchsetzen zu können, in Ohnmacht zu fallen. Die besorgten Eltern und der nicht minder verunsicherte Freund versuchten dann, alle Probleme aus dem Weg zu schaffen, um das »arme Kind« nicht mehr zu beunruhigen. Und genau das war auch der Zweck dieser Hysterie.

Das Mädchen hatte infolge einer Verwöhnung nicht gelernt, sich den Problemen des Lebens zu stellen. Es fiel einfach um. Seine Standhaftigkeit in Krisensituationen war nicht ausgeprägt. Erst als ich diesen Mechanismus in Anwesenheit des Mädchens der Familie erklärte, hörten die Ohnmachtsanfälle auf. Allerdings fand lediglich eine Symptomverwandlung statt; denn nun klagte die junge Dame allmorgendlich über Migräne und Brechreiz.

Ein 16jähriger Schüler kam wegen plötzlicher Erblindung in die Praxis seines Hausarztes. Der fand nichts und erklärte kurzerhand den Buben zum Simulanten, weil er nur an den Schulvormittagen über eine Fastblindheit klagte, die am Nachmittag verschwand. Die Vermutung lag nahe, daß er sich so einen Grund verschaffte, der Schule fernzubleiben. Nichts half. Als er vor mir saß, wußte ich auch nicht weiter. Ich ließ mir sein halbes Leben erzählen und wurde fündig: Eines Tages trat eine neue Schülerin in die Klasse und wurde vom Lehrer neben ihn gesetzt. Das Mädchen kokettierte mit seinen Reizen und verunsicherte den Jungen total. Der, von strenger Moral geprägt, geriet in arge Gewissensnot, als sie auch noch im Minirock erschien. So zwang sich der Junge nun zum ständigen Wegschauen und wäre am liebsten blind gewesen. Dieser unterbewußte Wunsch, aus der seelischen Not geboren, erfüllte sich über Nacht. Prompt konnte er andernmorgens nicht sehen.

Hier haben wir es mit zwei klassischen Hysterikern zu tun: Ein seelischer Konflikt verwandelt sich in einen körperlichen. Diese Verwandlung (Konversion) heißt auch Konversionsneurose.

Hysteriker haben sehr unterschiedliche Charaktere; allen gemeinsam ist die Angst, festgelegt zu werden, sich nicht mehr verändern zu können. Sie suchen nach Zuwendung, und wenn es sein muß, mit sehr theatralischen Mitteln. Sie sind auf sich selber fixiert, fast bindungsunfähig, weil die Verbindlichkeit wiederum Angst macht. Narzißtische Störungen liegen zugrunde, d. h. eine neurotische Selbstverliebtheit, wie sie der griechische Jüngling Narziß zeigte, der sein Spiegelbild im Wasser küssen wollte und dabei ertrank.

Wenn Männer ihren laut schreienden und zeternden Ehefrauen nachrufen, sie mögen nicht so hysterisch sein, dann trifft das natürlich nicht die Sache. Schreien ist noch kein Ausdruck von Hysterie. Das Wort selbst bedeutet: Gebärmutter. Hippokrates (um 400 vor Chr.) war der Meinung, daß eine wandernde Gebärmutter Grund war für die unterschiedlichen Frauenleiden. Heute wissen wir, daß auch Männer hysterisch sein können, also oberflächlich, sich gut in Szene setzend, ängstlich vor allem, was nach Veränderungen verlangt.

Zu den hysterischen Formen werden auch die Seufzeratmung, die Hyperventilationstetanie und die Tics gezählt (z. B. Zuckungen im Gesicht oder am Fuß oder grimassierendes Verhalten), ebenso die pseudologia phantastica, jene Lügenmärchen, die pubertierende Mädchen über ihre Lehrer erzählen. So gab eine Schülerin vor Gericht zu, daß sie erotische Geschichten mit ihrem Lehrer verbreitet habe, weil sie verliebt war und diese Phantasien zur Wirklichkeit machen wollte.

Hysterische Neurosen sind schwer heilbar, wie alle Persönlichkeitsstörungen. Diese Menschen müssen lernen, sich der Realität zu stellen, die eigenen Grenzen zu akzeptieren und das zu üben, was mit Bescheidenheit gemeint ist. Außerdem müssen die verborgenen Angst- und Schuldgefühle erkannt werden. Medikamente oder Entspannungsmethoden sind ohne Wirkung.

III. Äußere Streßfaktoren als Krankheitsursache

Bisher sprach ich ausschließlich von Belastungen, die von innen kommen, also von unterdrückten Frustrationen und Aggressionen, von Erlebnisverdrängungen und Abwehrhaltungen, die den Organismus negativ beeinflussen und zu den unterschiedlichen Störungen führen. Ich habe Sie gewissermaßen durch den menschlichen Körper geführt, vom Innersten, dem Magen-Darm-Trakt, bis zum Äußersten, der Haut. Mit der Haut endet zwar der Körper, doch ist er keineswegs von der Umwelt abgeschlossen. Wir sind alle eingebaut in den Kosmos, von ihm abhängig, zu ihm gehörig, insbesondere von der unmittelbaren Umgebung, mit der wir uns ständig arrangieren müssen: Familie, Wohnung, Straße, Stadt und Land.

Im folgenden wird die Rede sein von diesen äußeren Streßfaktoren, die als »Umweltfaktoren« in jeder Bundestagsdebatte zur Sprache kommen und zunehmend Besorgnis auslösen, da sie als krankmachend erkannt wurden. Doch nicht allein die vier klassischen Elemente Wasser, Erde, Luft und Feuer (letztes im Sinn von Heizmaterial) machen uns zu schaffen, sondern auch so scheinbar banale Dinge wie architektonische und farbliche Gestaltung unserer Wohnungen und Häuser, sozialpsychologische Aspekte des Stadtviertels, in dem wir wohnen, Lärmpegel, Freizeit- und Konsumverhalten.

Dies alles fällt unter den Begriff »Streß«, sobald wir es als belastend und zerstörend empfinden. Was aber ist Streß genau? Streß bedeutet Druck, Belastung, Anspannung und war ursprünglich ein Begriff, der für den Härtetest von Metallen und Glas reserviert war. Die Materialien wurden unter Druck gesetzt, um ihre Qualität und Belastbarkeit zu prüfen. Heute verstehen wir darunter die psychische Belastbarkeit des Menschen im Beruf; inzwischen hat sich der Begriff auf den privaten Bereich ausgedehnt, der aufgrund falscher oder fehlender Sinngebung für viele Menschen ein Alptraum zu werden scheint.

Streß ist also zunächst eine neutrale Belastung, weder positiv noch negativ. Eine sportliche Aktivität, die bis an die Grenze der menschlichen Belastbarkeit geht, kann ein positiver Streß sein. Ob negativ oder positiv – es kommt auf die Motivation an, mit der ich an eine Arbeit herantrete. Eine Belastung ist aber erst dann positiv zu werten, wenn sie *gern* und *maßvoll* betrieben wird. Sie heißt dann Eu-Streß (schöne, gute Anspannung). Wird der Sport mit maßloser Profitgier und selbstquälerischem Ehrgeiz betrieben, kehrt sich diese Belastung um und wird zu einem Di-Streß (gestörte, zerstörende Anspannung).

Ein solcher Distreß zeichnet sich aus durch eine Summe unguter Faktoren: Hektik, Unruhe, Konkurrenzneid, Sinnleere, Bewegungsmangel, angestaute Energie, beispielsweise wenn wir wütend hinter dem Lenkrad sitzen oder verängstigt vor dem Fernseher, falsche Ernährungsweise, Abgase, Lärm, negative Lebenseinstellung, verdrängte Schuldgefühle...

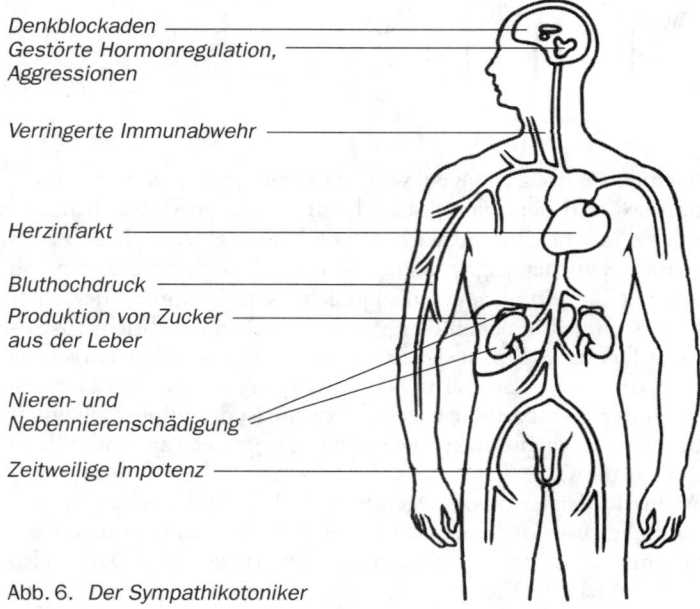

Denkblockaden
Gestörte Hormonregulation,
Aggressionen

Verringerte Immunabwehr

Herzinfarkt

Bluthochdruck

Produktion von Zucker
aus der Leber

Nieren- und
Nebennierenschädigung

Zeitweilige Impotenz

Abb. 6. *Der Sympathikotoniker*

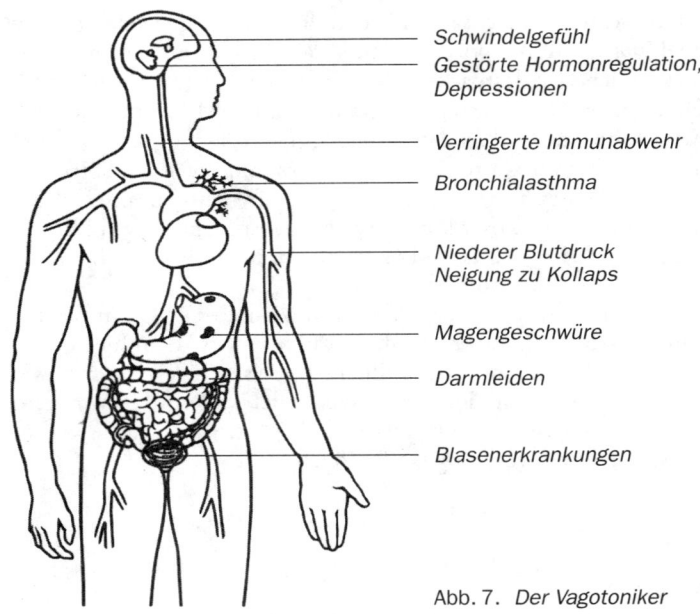

Schwindelgefühl
Gestörte Hormonregulation,
Depressionen

Verringerte Immunabwehr

Bronchialasthma

Niederer Blutdruck
Neigung zu Kollaps

Magengeschwüre

Darmleiden

Blasenerkrankungen

Abb. 7. Der Vagotoniker

Niemand vermag zu sagen, welche Faktoren im einzelnen den Alterungs- und Verschleißprozeß beim Menschen verusachen und wie sie sich bei ihm auswirken. Die Wissenschaftler haben zwei Grundtypen herausgefunden, die unterschiedlich reagieren. So flüchtet der eine schreiend angesichts einer Spinne oder einer Explosion, der andere bleibt geschockt stehen und bricht zusammen. Der erste Typ ist der leicht erregbare, unruhige, ehrgeizige Sympathikotoniker (bei ihm überwiegt im vegetativen Nervensystem der Sympathikusnerv); der zweite ist der ruhige, scheinbar beherrschte Vagotoniker (bei ihm überwiegt der Vagus oder Parasympathikus).
Während der erste vorwiegend am Gefäß- und Kreislaufsystem erkrankt, also Herzinfarkt, Hochdruck, Kreislaufstörungen bekommt, leidet der zweite Typ eher an Magen und Darm, also an Geschwüren, Niederdruck, Verstopfung usw. (vgl. Abb. 6. und

7.). Der dritte Typ ist eine Mischung von beiden und kommt
sehr selten vor.

Der Sympathikotoniker ist besonders streßgefährdet. Er ist pünktlich, kommt aber dennoch mit seiner Zeit nie hin, vermag sich
kaum zu entspannen und hat oft das Gefühl, nichts Anständiges
geleistet zu haben. Er ist prestigebewußt, doch rasch überfordert.
Getrieben von ängstlichem Selbstzweifel strebt er nach immer
mehr Leistungen, bis er eines Tages nicht mehr kann und zusammenbricht.

Streßsituationen erzeugen im Blut vermehrt Milchsäure und
Hormone. Die Folgen sind Angst und Verkrampfung. Raucher,
Trinker und Rauschgiftsüchtige verstärken diese Spannung noch
mehr, obgleich sie im Rausch eine kurzfristige Enstpannung ver-
spüren. Während einer Entspannungsübung (Autogenes Training,
Yoga, Meditation) sinkt die Milchsäure infolge der besseren
Durchblutung und der dadurch erhöhten Sauerstoffzufuhr wie-
der ab.

Im Streß greifen viele Menschen zu Medikamenten, ohne zu
ahnen, daß sie sich damit auf Dauer keinen Gefallen tun. Daß
für Psychopharmaka die Werbetrommel gerührt wird, halte ich
für unverantwortlich und betrügerisch. Begriffe wie »harmo-
nisierende Leistungssteigerung – vitalisierende Reaktivierung –
geistig-seelische Stabilisierung – Antistreßfaktor« u. a. sollen den
Geplagten zum Kauf animieren und angeblich gesund machen.
Ein Schmerzmittel beispielsweise verspricht sogar eine Befreiung
vom Streß und verwechselt ganz bewußt den Begriff »Streß« mit
den Streßsymptomen. Wen wundert es da noch, daß die Medikamente geschluckt werden wie Bonbons, und daß die Pharmaka-
kosten ins Unermeßliche steigen?! Das unbedenkliche Werben
für Medikamente erfüllt den Tatbestand einer Volksverdummung,
wenn nicht sogar eines staatlich genehmigten Betrugs, der den
Streß keineswegs abbaut, sondern mit einem chemischen Män-
telchen und werbepsychologischen Tricks zudeckt. Er ist ver-
gleichbar mit dem Abstellen einer Alarmglocke, die auf eine
Feuersbrunst aufmerksam machen will.

1. Lärm und Technik

Jeder von uns versucht, dem Lärm aus dem Weg zu gehen, nach Möglichkeit die Ruhe zu finden. Und doch gibt es Menschen, vor allem junge Leute, die den Lärm geradezu suchen und ihn auch in den Diskotheken, speziell in Beatlokalen, finden. Der dort stattfindende musikalische Lärm, der etwa die Lautstärke eines startenden Düsenjets aufweist (ab 90 Dezibel), wird jedoch von den Besuchern keinesfalls als Lärm empfunden, eher als Ohrenschmaus und körperaktivierenden Rhythmus. Dennoch bedeutet diese Musik einen Streßfaktor, der zwar gern, jedoch maßlos ertragen wird. Er schädigt das Gehör und wirkt auf den Körper ein. Es ist bekannt, daß die dort tätigen Barkeeper und Discjockeys nach einem Jahr bereits erhebliche Hörschäden und nervöse Verhaltensformen aufweisen.

Lärm heißt Alarm, zu deutsch: Zu den Waffen. Lärm ist also ursprünglich Kriegsgeschrei und hat Signalwirkung. Der heutige Lärm hat diese Bedeutung verloren, bewirkt aber immer noch Kampf- oder Abwehrbereitschaft.

Wer in einer Diskothek tanzt, also auf akustische Reize mit motorischer Abfuhr reagiert, baut den Streß eher ab, ist aber dennoch vor vegetativen Schäden nicht geschützt, weil er keine akustischen Erholungsphasen hat. Das Ohr gewöhnt sich nicht an diese Lautstärke. Das ständige Anhörenmüssen von Baulärm, Autohupen, startenden Flugzeugen usw. bedeutet Dauerstreß für den Organismus. Er zerstört die Fähigkeit zum Denken, Problemlösen, Meditieren, Regenerieren; die Folgen sind Schlafstörungen, Kopfschmerzen, Übelkeit, Ohrensausen, Kreislaufstörungen, Reizbarkeit, Verlust an Ausdauer und Konzentration, Beschleunigung des Stoffwechsels, Verengung der Gefäße.

Es erscheint absurd, wenn Menschen mit lauttönenden Kofferradios durch die Stille der Landschaft spazierengehen, unfähig, die Ruhe um und in sich zu ertragen. Wer Angst hat, ist laut. Manchmal lacht der Betreffende über den, der keinen Lärm ertragen kann und bezeichnet ihn als empfindlich und mimosenhaft, wiewohl ja genau das Gegenteil der Fall ist: Der Lärmsuchende ist empfindlich gegenüber der Stille und zu schwach, aufkommende ungute Empfindungen auszuhalten.

Der Sympathikotoniker reagiert auf Lärm mit Bluthochdruck, erhöhtem Pulsschlag, Schilddrüsenüberfunktion. Der Vagotoniker bekommt niedrigen Blutdruck, langsameren Pulsschlag und eine vermehrte Magensäureproduktion.

Oft ist der Lärm mit anderen technischen Eigenarten gekoppelt, etwa mit Lichteffekten oder Geschwindigkeit. Der Begriff der »Lichthupe« weist schon auf diese Koppelung hin. So ist das Flackerlicht in den Diskotheken mit dem Rhythmus der Musik verbunden und stellt einen zusätzlichen optischen Reiz dar. Auch das Fernsehbild strahlt ständig flackerndes Licht aus, das optisch kaum bemerkt wird, auf das das Auge aber mit Ermüdung reagiert; andere typische Störungen sind Kopfschmerzen, Schlafstörungen und Appetitlosigkeit. Innerhalb einer Sekunde trifft uns ein Strahlenbündel von 25 Bildern oder 13 Millionen Impulsen. Zu all dem kommt noch die Bewegungsarmut: sitzende, stehende oder bückende Tätigkeiten, von der modernen Technik gefördert. Die im Körper entstehenden Brennstoffe können nicht abgebaut werden; die Fettsäuren wandeln sich in Cholesterin um und setzen sich in den Gefäßen ab, was zu arteriosklerotischen Erkrankungen führt. Der im lauten Beatkeller Tanzende soll sich nicht zu früh über seine Bewegungsaktivität freuen, die in der Tat befreiende Wirkung hat; schließlich befindet er sich in einem Klima, das nikotinverseucht, sauerstoffarm und gehörschädigend ist. Dagegen mutet die körperliche Bewegung an wie ein Tropfen auf den heißen Stein.

Neuere Untersuchungen ergaben, daß starke rhythmische Bewegungen des Körpers, wie sie ja in Diskotheken üblich sind, körpereigene Opiate freisetzen, z. B. Dopodamine. Es kommt zu einem euphorischen Gefühl, das in Verbindung mit Alkohol zur Überschreitung seelisch-körperlicher Grenzen führen kann. Der Betreffende koppelt dieses High-Empfinden an die Musik und wird abhängig. Das erklärt auch die immer wieder vorkommenden unberechenbaren Reaktionen jugendlicher Diskobesucher.

Daß sanfte rhythmische Bewegungen positive Wirkungen haben, beweist die Tatsache, daß Kinder dadurch zum Einschlafen gebracht werden können: Eingeborene schaukeln ihre Kleinkinder in einer Hängematte; Mütter wiegen sie in ihren Armen und singen dazu monotone Melodien. Wird der Geräusch- und Schaukelpegel überdreht, tritt das Gegenteil ein: Unruhe, Bewußtseins-trübung, nervöse Reaktionen.

Als Student durchquerte ich zweimal mit meinem Wagen die Sahara, damals noch ein mühsames Unternehmen, da es ja aus-schließlich »auf Sand gebaut« war. Was mich am meisten in der Wüste faszinierte, war die absolute Stille, die nachts bei sternen-klarem Himmel noch beeindruckender war. Es war nichts, aber auch gar nichts zu hören; ein Ur-Erlebnis, das sehr unterschied-lich auf streßgeplagte Menschen wirkt.

Bei meiner zweiten Reise nahm ich einen Automechaniker mit, der jene Ruhe nicht lange ertragen konnte und zu meinem Ärger ständig das Autoradio anstellte. Er brauchte diese Geräusch-kulisse, ohne sein Verhalten recht erklären zu können. In einem Gespräch später gab er zu, bei Stille innerlich unruhig zu werden und diffuse Schuld- und Angstgefühle zu verspüren gegenüber dem Leben, das er selten zu seiner Befriedigung ausfüllte. Er er-kannte eine gewisse Oberflächlichkeit und Bequemlichkeit, die er lieber lärmend verscheuchte, um keine bitteren Konsequenzen ziehen zu müssen.

Wer sich in der Bibel auskennt, wird wissen, daß Jesus sich immer wieder in die Wüste zurückzog, um dort zu beten, zu fasten, d. h. einen Ausgleich zu finden zum täglichen Leben. Eine solche Ruhetherapie fehlt uns heute bzw. wir nehmen uns dazu keine Zeit. Dabei wäre der »Gang in die Wüste« für viele die ein-zig nützliche, wenn auch zunächst schmerzliche Hilfe zu einer körperlich-seelischen Regeneration.

2. Wohnung und Wohnviertel

Bisweilen staunt man, welche großartigen und einladenden Woh-nungen sich hinter grauen, abgebröckelten Häuserfassaden ver-bergen. Zwei verschiedene Welten stoßen hier aneinander; mit-unter bekommt man den Eindruck, daß der Bewohner eines solchen Heims nicht so recht in das zugehörige Straßenbild pas-sen will. Auch kann es umgekehrt sein: Feudale Straßenzüge mit Parks, moderne Stadtviertel mit Grünanlagen beherbergen außerordentlich beklemmende und chaotische Wohnungen, die eher Abstellkammern oder Gewächshäusern ähneln.

Meistens jedoch stimmen Wohnviertel und Wohnung in Charakter und Ausstrahlung überein.

Ich berühre hier nicht das Problem des Geldes. Zimmergestaltung und Wohnmobiliar müssen nicht teuer sein, um Atmosphäre, Geborgenheit und Wärme zu vermitteln.

Die vier Wände, in denen sich das tägliche oder abendliche Leben abspielt, beeinflussen die Psyche der Bewohner mehr, als ihnen selbst bewußt ist. Hierbei ist es vor allem die farbliche Gestaltung und die Zusammenstellung der Möbelstücke, schließlich die Größe der Räume und Höhe des bewohnten Stockwerks, die das Befinden der Menschen mitbestimmen.

Eine Patientin wohnte seit ihrer Heirat im siebten Stock eines modernen Hochhauses. Sie litt zunehmend an Depressionen und Kreislaufstörungen, nicht ahnend, daß dies mit der Wohnungshöhe zu tun haben könnte. Erst zufällige Hinweise in vielen Gesprächen führten uns auf diesen Punkt. Ein von mir empfohlener Umzug in eine Parterre-Wohnung, den sie erst nach zwei Jahren gegenüber ihrem Mann durchsetzen konnte, befreite sie von ihrem Leiden. Jetzt fühlt sie sich erdverbundener und kontaktfähiger.

Nicht alle Betroffenen sind in der Lage, einen Umzug vorzunehmen. Hier muß aus der Situation des Beste gemacht werden, indem man zunächst bei der farblichen Gestaltung der Zimmer beginnt. Farben wirken auf das vegetative Nervensystem; das ist auch in Tierversuchen festgestellt worden. So erhöht sich beispielsweise beim Betrachten der Farbe Rot der Puls. Versuchspersonen, die sich eine Zeitlang in einem vorwiegend rot ausgemalten Zimmer befanden, zeigten allmähliche Atembeschleunigung und unruhiges Wandern der Pupillen. Sie beschäftigten sich mit den vor ihnen liegenden Gegenständen, Zeitungen und Bildern, ohne sich ihnen intensiv und ausharrend zu widmen. Rot erregt offenbar; macht aggressiv und aktiv. Nicht von ungefähr ist es die Farbe der Eros-Center und Nachtbars.

Blau ist die Farbe der Ruhe und Distanz. Sie drückt Bescheidenheit aus, Gutmütigkeit, aber auch kühle Kontaktaufnahme und Verzicht. Blau ist die Farbe der Thronsäle und mancher Kirchendecken. Wer seine Zimmer blau anstreicht, die Vorhänge, Teppiche oder Decken vorwiegend in Blau bevorzugt, muß nun nicht unbedingt ein Mensch sein, der Ruhe oder Bescheidenheit sein eigen nennt. Dies kann ganz einfach nur das Bedürfnis danach ausdrücken. Wer beispielsweise Reize und Stimulation wünscht, findet Orangerot sympathisch. Wer erschöpft und überreizt ist, lehnt es ab. Er wird vielleicht Brauntöne bevorzugen, die selbst einen Choleriker nach kurzer Zeit beruhigen.

Die Wirkung der Brauntöne erlebe ich immer wieder in meiner Praxis, die einheitlich mit braunen Möbeln ausstaffiert ist, die in Räumen mit ausschließlich weißen Wänden und hellen Vorhängen zum Verweilen animieren. Patienten wie auch private Besucher empfinden diese farbliche Kombination als beruhigend und vertrauenserweckend. Viele Bauernhäuser und Museen haben diesen braun-weißen Kontrast.

Grün bedeutet Festigkeit und Beharrung. Ein sanftes Grün spiegelt die Ruhe der Natur wieder; Experimente haben erwiesen, daß Grün die Konzentration fördert. In vielen Schulen sind die Tafeln grün, auch die Schulhefte oder gar die Tinte.

Gelb heißt Unabhängigkeit und Freiheit. Diese Farbe wirkt anregend und wärmend, mitunter befreiend und erleichternd. Gelb sind die Gewänder der buddhistischen Mönche; gelb-gold sind die Gewänder an den christlichen Festtagen Weihnachten und Ostern.

Die farbliche Kombination unserer Wohnungen bestimmt unsere vegetative Reaktion mit. Darüber hinaus haben auch die Möbelstücke ihr Sagen. Es gibt viele Menschen, die sich in ihrer Wohnung nicht wohlfühlen, obgleich sie nicht in der Lage sind, dafür einen Grund zu nennen. In einem Studentenheim regte sich ein Bewohner immer wieder darüber auf, daß er in diesen »uniformen Löchern« nicht studieren könnte. Es wäre ihm zu einfarbig, zu phantasielos. Als man sich mit vereinten Kräften daran machte, das Zimmer neu zu gestalten, mußte er feststellen, daß schon wenige Griffe genügten, um seine Zufriedenheit zurückzubringen. Nachdem die vorgegebene Bildleiste entfernt, die am Schreibpult befindliche Wand grün gestrichen und das Waschbecken durch einen Vorhang unsichtbar gemacht wurde, fühlte er sich entschieden besser.

Eine mir bekannte Familie teilte mir mit, daß sie lange Zeit ein Unbehagen empfand angesichts ihres Wohnzimmers. Irgend etwas störte sie an der Einrichtung. Erst als sie versuchshalber den großen Tisch mit den Stühlen, die den besten Platz im Raum beanspruchten und kaum Bewegungsmöglichkeit ließen, durch einen kleineren ersetzten und abseits stellten, wußen sie, was sie so bedrückt und beengt hatte.

Beispiele für störende und seelisch bedrückende Wohnungseinrichtungen gibt es genug. Wer in seinen vier Wänden den Hauptteil des Tages verbringt, sollte für beruhigende, harmonische Farbgebung und für genügend Freiraum in der Mitte des Zimmers sorgen. Nicht immer ist die Enge des Zimmers, sondern die Breite der Möbel schuld am Unbehagen in den eigenen vier Wänden.

3. Familie und Zusammenleben

Für jeden von uns, insbesondere während der Kindheit, bedeutet die Familie Vertrauen und Geborgenheit, Sicherheit und Schutz. Wenn eine Familie intakt ist, können sich die einzelnen Mitglieder in ihr normal und angstfrei entwickeln. Kinder ahmen das Verhalten der Erwachsenen nach, wehren sich normalerweise gegen Bevormundung und Unterdrückung und verlassen irgendwann einmal, meist zwischen dem 18. und 30. Lebensjahr, das Elternhaus. Doch der Normalfall einer geordneten Familienstruktur scheint seltener zu werden.

Jede zweite Ehe ist gestört, jede dritte geschieden. Das hat Folgen für die seelische und intellektuelle Entwicklung des Kindes. Eine Einübung in die Gemeinschaftsfähigkeit, d. h. das Erlernen von Verzicht und Rücksichtnahme, Kameradschaft und Einfühlung, ist oft nicht möglich. Eine echte Streit- und Versöhnungskultur fehlt und damit elementare Lebensregeln. Aufklärung in jeder Hinsicht erhält der Jugendliche durch die Medien, und das meist in einer fragwürdigen, eher verunsichernden Weise.

Die Oma, die früher noch pädagogische Lücken füllte, als Ansprechpartnerin für kindliche Sorgen stets da war, lebt heute meist in einer anderen Stadt, vielleicht auch im Altenheim; viele Mütter gehen arbeiten; die Väter suchen mehr oder weniger bewußt ihre neue Rolle in einer Gesellschaft, in der die Frauen gleiche Rechte einfordern und sich gegen den Männlichkeitswahn behaupten. Dem muß man gerechterweise gegenüberstellen, daß die jungen Väter sich mehr um die Erziehung kümmern, Babies wickeln, und das, was C. G. Jung mit »anima« bezeichnete, stärker in ihrem Mannsein integrieren. Anima meint die weibliche Seite im Mann: Sensibilität, Zärtlichkeit, Gefühle.

Wenn es in der Familie nicht klappt, dann vornehmlich aufgrund der Kommunikationsunfähigkeit. Gestreßte, weil überforderte und desorientierte Eltern suchen zu sehr nach Selbstverwirklichung und Selbstfindung, was immer das meint. Dahinter verbergen sich zu oft egoistische Motive. Tugenden wie Bescheidenheit, Vertrauen, Dankbarkeit oder Gelassenheit sind nur noch rudimentär vorhanden, wenn überhaupt.

Ich zeichne hier ein wenig positives Bild; das mag manche ärgern. Umfragen im SPIEGEL, in PSYCHOLOGIE HEUTE, im STERN, in den Kirchen scheinen dieses wenig erbauliche Bild zu bestätigen. Dennoch bin ich kein Pessimist. Wir leben in einer Zeit des Umbruchs; da werden die alten, »konservativen« Werte wieder erkannt und erstrebt. Es gibt Jugendliche, die ihre Eltern »bekehren« und sie wieder zu den wahren Lebensqualitäten hinführen.

Als Psychotherapeut erfahre ich zwangsläufig tagtäglich die Schattenseite des Lebens: Frauen melden sich in Angst um den Verlust ihres Mannes, Männer blockieren alle Versuche ihrer Frauen, endlich einmal ins Gespräch zu kommen; Schwiegereltern mischen sich wohlmeinend, aber in verkehrter Weise zu viel ein; Kinder streiken und werden zum Psychologen geschickt, sozusagen vorgeschoben, während sie doch nur die Symptomträger einer gestörten Familienstruktur sind.

»Herr Doktor«, beschwor mich verzweifelt eine Mutter am Telefon, »reden Sie doch einmal mit dem Jungen. Auf mich hört er nicht. Er ist ja so frech und launisch! Ich weiß nicht mehr, wie ich und mein Mann zu Rand kommen sollen mit dem Kerl. Dabei kann er so nett sein. Sprechen Sie mit ihm. Die Kosten spielen keine Rolle, wenn Sie ihn nur zur Einsicht bringen!«

Solche SOS-Rufe sind häufig und typisch für Familien mit neurotischer Gruppenbildung. Kommt der »freche Lümmel« ins Plaudern, erfährt man allerlei versteckte aggressive Verhaltensweisen einzelner Familienmitglieder, ihre Streitigkeiten, die sie vor den Kindern austragen, die Tischgespräche, die vorwiegend Mahnungen, Drohungen und Lieblosigkeiten zum Inhalt haben. Der ganze Tag wird zum Alptraum. Appetitlosigkeit, Kopfschmerzen, Magenschmerzen sind alltägliche Begleiterscheinungen. Viele Familien zeigen nach außen eine Schutzmaske und täuschen eine heile Welt vor. Meistens sind es die Kinder, die jene heile Welt nicht mehr zu spielen gewillt sind und aus dem Haus gehen. Dieser Auszug bahnt sich allmählich an: Zuerst bleiben sie abends länger aus, dann schon einmal eine ganze Nacht, schließlich besuchen sie am Wochenende ihre Freunde – und das alles ohne Rücksprache mit den Eltern. Am Ende steht der Auszug aus dem Elternhaus.

Eingeschliffene Verhaltensweisen und gefühlsbetonte Reaktionen, die die Eltern selbst in ihrer Kindheit erworben haben, übertragen sie durch die Erziehung auf ihre Kinder und durch ihre Kritik auf sich gegenseitig. Fehlende Kontakte in der Freizeit, bedingt vor allem durch das Fernsehen, Verlust an schöpferischer Aktivität, Konsumorientierung nach draußen usw. sind bekannte Ursachen familiärer Entzweiung. Die Ursache dieser Ursachen wiederum mag in der zunehmenden Technisierung und Weckung künstlicher Bedürfnisse liegen. Die Familie heute leidet nicht mehr an irgendeinem Mangel – außer am Mangel an Mangel. Die Verzichtübung (einst Bescheidenheit genannt) als die wichtigste Grundlage des gemeinschaftlichen Lebens hat ihre Attraktivität, nicht aber ihre Notwendigkeit verloren.

Welche Hilfen kann eine gestörte bzw. leidende Familie nutzen? Zunächst ist die Einsicht wichtig, daß »Charakterfehler« einzelner nicht unabänderlich, sondern erlernt und damit auch verlernbar sind. Das setzt viel Geduld und Einfühlungsvermögen voraus. Die weitere Einsicht, daß aggressives Verhalten eine Reaktion auf Unverständnis, Unterdrückung, Lieblosigkeit und Zynismus ist, sollte jeden zum Nachdenken über seine eigenen Fehler auffordern.

Kinder sollten nach Möglichkeit nicht von der Tante oder von der Oma aufgezogen werden; jedenfalls müssen in einem solchen »Erzieherteam« unbedingt klare Abmachungen getroffen werden bezüglich der Erziehungsmaßnahmen. Meinungsverschiedenheiten sind niemals in Anwesenheit der Kinder auszutragen.

Während der Mahlzeiten sollte tunlichst vermieden werden, über belastende Themen zu sprechen, die mit Sicherheit Unbehagen, lautstarke Äußerungen oder gar Wutausbrüche zur Folge haben. Anstehende Kritik muß möglichst bald ausgesprochen werden, damit sie sich nicht nach längerer Zeit durch banale Auslöser explosiv entlädt. Dies ist ja leider die übliche und üble Art familiärer Kommunikation. Über die verschiedensten Wege einer Korrektur dieses Verhaltens habe ich bereits in meinem Buch »Umgang mit sich und anderen« ausführlich geschrieben.

Scheint die Situation total verfahren, sind also wiederholte Bemühungen um eine friedliche Koexistenz fruchtlos, dann bleibt noch die Möglichkeit, einen Psychologen aufzusuchen oder ihn zu einem klärenden Gespräch im Familienkreis einzuladen. Hier läßt der Psychologe nach bestimmten Regeln jeden zu Wort kommen, versucht die möglichen Fehlerquellen aufzuzeigen und zu analysieren und schlägt dann konkrete Verhaltensmaßnahmen vor, etwa in Form einer mündlichen Absprache, deren Einhaltung nach vier bis sechs Wochen in einem zweiten Gespräch überprüft wird. Meine persönlichen Erfahrungen bei derartigen Familienkonferenzen sind positiv. Bleibt nur zu hoffen, daß mehr Familien ihre falsche Scham ablegen und den Mut aufbringen, einen Psychologen anzusprechen.

4. Ernährung und Konsumverhalten

Ein junger Mann sitzt vor dem Fernseher, dessen Ton abgeschaltet ist. Er hört sich gleichzeitig eine CD an. In der rechten Hand hält er eine Flasche Bier, aus der er ab und zu einen tiefen Schluck nimmt; in der linken hält er eine Zigarette, die während der Trinkpausen zum Mund geführt wird. Gelegentlich wirft er einen Blick in die auf dem Tisch liegende Programmzeitschrift und – welch sonderbare Vielseitigkeit! – hört mir zu.

Natürlich kann er keine der Tätigkeiten richtig ausführen. Seine Aufmerksamkeit ist geteilt, oberflächlich. Was sich hier an geballtem Konsumverhalten präsentiert, ähnelt einer Karikatur unseres gesellschaftlichen Konsumdenkens, das alles gleichzeitig aufnehmen will, um nur ja nichts zu versäumen.

Der junge Mann, hier stellvertretend für eine Vielzahl von Menschen, begeht eine vegetative Vergewaltigung: Alkohol, Nikotin, TV-Strahlen gelangen von außen in seinen Körper; sowohl sein Gehirn als auch sein Magen braucht jetzt eine Menge Blut, um die angesprochenen Organe und Zellen ausreichend zu versorgen. Bei dieser Gleichzeitigkeit vieler Aktivitäten reicht die Versorgung aber nicht aus; Ermüdung, Konzentrationsmangel und Nervosität sind die Folge.

Daß der junge Mann arbeitslos ist, macht sein Verhalten verständlich, nicht jedoch vernünftig. Er haderte mit Gott und allen, die es besser getroffen hatten im Leben. In panikartiger Atmosphäre, in steter Befürchtung, Wichtiges zu versäumen, stürzte er sich in ständig wechselnde Aktivität, die ihn letztlich nie befriedigte, weil sie keine Forderung an ihn stellte. Er wollte gedankenlos leben und wurde auch in all den oberflächlichen Ablenkungen seine bohrenden Gedanken los. Das Gefühl von Sinnlosigkeit und Überflüssigkeit ist ein Streßfaktor, der bei manchen Menschen durch hektische Lebensweise verdrängt werden soll. Nicht wenige sind nun verführt, besonders viel oder süß zu essen. Sie suchen sich in einem kalorienreichen, fetten, allzu häufigen Essen die Ersatzbefriedigung für die ausbleibende existentielle Erfüllung. Im Eßverhalten zeigt sich bei ihnen das Maß der inneren Unzufriedenheit und Leere. Darüber habe ich bereits in den Kapiteln »Eßsucht« und »Störungen des Magen-Darm-Trakts« ausführlicher geschrieben.

Mit der Nahrung schluckt der Betreffende aber auch seinen Ärger, seine Unlust herunter, was auf Dauer zu einer Verdauungsstörung führen kann. Typisch ist ja der bei Tisch stattfindende Familienkrach. Für viele Familien ist die Essenszeit die einzige Möglichkeit, anstehende Probleme zu besprechen und auszutragen. Leider rutscht dieses Gespräch meist in die aggressive Ebene, was das ganze Essen zu einer unnötigen Belastung macht. Appetitlosigkeit, Magen-Darm-Störungen, schließlich Geschwüre sind die Folgen.

Kummer läßt die einen ungeheure Mengen verschlingen; die anderen bekommen keinen Bissen herunter. Anstelle der Nahrung oder auch zusätzlich noch wird das Fernsehprogramm konsumiert; der Nikotinmißbrauch steigt an, Alkohol fließt, Tabletten werden geschluckt ... Der Organismus wird mit chemischen, optischen und akustischen Reizen überfüttert, bis er am Ende mit Krankheit reagiert.

Eine andere Unsitte am Tisch ist das unbedingte Leeressen der Teller, das gutmeinende Eltern ihren Kindern aufzwingen. Wenn das Augenmaß beim Beladen des Tellers nicht stimmte, so ist dies kein Grund, diesen Irrtum auf Kosten des Magens wiedergutzumachen. Für den Organismus und das persönliche Wohlbefinden sollte der Magen nicht prall gefüllt werden, sondern eher noch Raum lassen. Der maßvolle Esser lebt in jedem Fall gesünder als der Vielfraß.

Der Grund für ein übertriebenes Konsumieren von Nahrung, Fernsehfilmen, Diskomusik u. a. liegt oftmals in dem Gefühl eines existentiellen Vakuums, d. h. im Gefühl, das Leben sei sinnlos und lieblos. Der Spruch einiger »Feinschmecker«, lieber kurz, dafür aber intensiv und gut zu leben, kommt einem Selbstbetrug gleich, da der stets Konsumierende allem nachjagt und von allem naschen muß und dabei die wahre Intensität des Lebens nicht erreicht. Er bleibt oberflächlich, hektisch und unzugänglich für hintergründige Ereignisse in seinem Leben. Schließlich entdeckt er überhaupt keinen Sinn mehr in den Dingen und glaubt sich in seiner Frustration bestätigt. Er macht alles zur Ware, macht alles machbar und betrachtet auch seinesgleichen als käufliche Ware.

Wer so dahinlebt, bewegungsarm, vordergründig und ohne verzichtendes Engagement, wird noch unzufriedener. Er muß am Ende seine aufkommenden Schuldgefühle verdrängen, was zu einem verstärkten Konsumieren führt. Der Kreis schließt sich.

Der Verlust des Seins, der sich in einem Mangel an Kreativität und Phantasie, an aktiver Selbstverwirklichung und Verzichtübung zeigt, zieht eine innere Leere nach sich, die aufgefüllt werden will. Nun ist nichts leichter, als materielle Angebote und vorprogrammierte Ideen anderer anzunehmen und sich damit vollzustopfen. Es ist bequem, aber verhängnisvoll, da sich nach dem Konsum solcher vorgefertigter Produkte der »Kater« einstellt: ein Gefühl von depressiver Leere und Einfallslosigkeit. Das wiederum verführt nun zu neuerlichem Konsumieren. Alles, was fordert und verantwortliches Engagement abverlangt, wird abgelehnt: religiöser Glaube, soziale Gesinnung, Gewissenserforschung, Selbstinfragestellung. An die Stelle des »Ich bin, was ich bin« ist das »Ich bin, was ich habe« getreten.

Eine Langzeitstudie ergab, daß soziale Aufsteiger und Erfolgsmenschen, die zufrieden und erfüllt zurückschauen können, keine typischen Konsumenten sind. Ihre Freizeit ist auch origineller gestaltet, schöpferischer und aktiver als die der anderen. Sie fühlen sich zur Arbeit motivierter als diejenigen, die sich in ihrer Freizeit nur »füttern« lassen von den Ideen anderer. Diese letztgenannte Gruppe von Menschen ist der beste Kunde der Freizeitindustrie, in der man alles haben möchte, nichts aber ist.

Die Knopfdruckkultur, die den Automatismus anbetet, erwartet sogar vom Arzt und Psychologen eine automatische, durch die Pille oder Hypnose erreichte sofortige Heilung von ihrer Krankheit. Sie ist des Glaubens, daß sie selbst nichts zu tun brauche, wenn nur genügend Medikamente und magische Gesten vom weißbekittelten Fachmann vermittelt werden. So muß der Therapeut bei vielen Patienten erst einmal klarstellen, daß ihre Mitarbeit und Konsumverzichtleistung wesentliche Voraussetzungen sind für ein Gelingen der Behandlung.

5. Beruf und Freizeit

Die heutige marktwirtschaftliche Situation erlaubt es kaum noch, einen Beruf nach eigenen Wünschen und Begabungen ergreifen zu können. Fragwürdige Auslese in der Schule, Mangel an Lehrstellen, Überlastung an den Universitäten und Verdrängung handwerklicher Berufszweige durch technische Perfektionierung zwingen zur Wahl zweiter oder dritter Klasse. So verwundert es nicht, daß die berufliche Leistung, die erwartet wird, kaum der individuellen Begabung entspricht. Das führt zur mangelnden Selbstverwirklichung und schlägt sich auch auf das Freizeitverhalten des Betreffenden nieder.

Akademiker (hier vor allem Lehrer) und Fließbandarbeiter sind gleichermaßen verführt, aus dieser beruflichen Frustration auszusteigen und sich eine anderweitige Existenz aufzubauen. Ich erinnere an die 10 000 Deutschen, die sich eine neue Heimat auf der griechischen Insel Ithaka gesucht haben; an die vielen Studenten, die auf heimatlichen Bauernhöfen, in Kommunen oder in fernöstlichen Meditationszentren wie im indischen Poona Zuflucht suchen oder zu den Tonga-Inseln im Pazifik auswandern. Dieses »Aussteigen« ist eine Folge der Übersättigung einerseits, der Leere andererseits.

Reizüberflutung, Erzeugung künstlicher Bedürfnisse, die nach sofortiger Befriedigung drängen sowie hochgezüchtete Spezialisierungen in verschiedenen Berufssparten haben zu einer materiellen Übersättigung und auch nervlichen Überreizung geführt. Dem steht eine geistige und seelische Leere gegenüber, die vergeblich mit Konsumgütern zu füllen versucht wurde. Eine schmerzliche Unzufriedenheit ist spürbar geworden.

Der Arbeitnehmer erkrankt heute zehnmal so häufig wie vor zwanzig Jahren. Nicht daß er schwächer geworden wäre! Er ist lustloser geworden. Die Krankheiten signalisieren weniger ein körperliches Unwohlsein als vielmehr ein seelisches Unbehagen: »Ich habe keine Lust mehr zum Arbeiten, da mir diese Monotonie, diese Terminhetze, die ständigen Konferenzen um Bagatellen, die Verbürokratisierung der zwischenmenschlichen Beziehungen... auf die Seele schlägt«; oder tiefenpsychologisch ausgedrückt:

>»Mein ES (Bereich der Triebe und Sehnsüchte) will mal ausflippen und verdrängte Wünsche befriedigen. ICH bin damit einverstanden und muß jetzt zusehen, daß ich eine Krankheit erzeuge, die ICH als Entschuldigung vorgeben kann, damit mein ÜBER-ICH (Bereich des Gewissens und der Normen) nicht Schuldgefühle erzeugt. Also wird mein ICH mit dem ES gemeinsam eine echte Krankheit schaffen und so einen legitimen Grund haben, nicht arbeiten zu brauchen. Das ÜBER-ICH ist damit auch gut bedient.«

Wir müssen uns damit abfinden: Arbeit ist keine Erholung. Sie ist eine Mühsal und kann nur dann eher ertragen werden, wenn für genügend Ausgleich gesorgt ist. Doch ein Mehr an Lohn oder Freizeit kann das Problem auch nicht lösen, weil die berufliche Entfremdung weiterhin bestehen bleibt. Sie ist bedingt durch Roboter, Computer, elektronische Überwachungssysteme, durch das einseitige Verhältnis Mensch-Maschine sowie durch das Damoklesschwert einer raschen Kündigung bei Leistungsabfall und Arbeitsausfall.

Der Ausgleich ist also in der Art und Weise zu suchen, wie ich meine Freizeit gestalte. Sitzende Tätigkeit ist zunächst nur mit stehender, bewegter Tätigkeit auszugleichen; geistige mit körperlicher, belastende mit belustigender. Die Langeweile, die manche unserer Zeitgenossen gerade an Feiertagen und -abenden haben, verführt zu einer gefährlichen Konsumorientierung und zur Suche nach extremen Sensationen, die die Sinnleere aufzufüllen helfen sollen. Das Resultat ist aber eher eine neuerliche Leere, die dann zu einer hektischen Langeweile führt, bis die totale Orientierungslosigkeit folgt. Um dem zu entgehen, schleppen manche Geistesarbeiter eine Menge Arbeitsmaterial auch am Wochenende mit nach Hause. Selbst im Urlaub müssen sie berufliche Dinge tun, weil sie sonst im Kreis laufen würden. Die Folge eines solchen arbeitsbesessenen Sklaven ist der Herzinfarkt, der meist nach dem Urlaub oder am Montagmorgen eintritt.

Beruf hat nur noch wenig mit Berufung zu tun. Viele Eltern zwingen ihre Sprößlinge aus verständlichen Gründen zum Ergreifen eines »anständigen Berufes«, vergessen aber völlig, darauf zu achten, daß sie auch anständige Freizeitgestaltungen erlernen sollten. Malen, Tanzen, Singen, Theaterspielen, Bücherschreiben oder Zaubern sind für manche nebenberufliche Tätigkeiten, obgleich es ihre eigentliche Berufung und wirkliche Erfüllung ist. Ohne diese Wirklichkeit würden sie wahrscheinlich erkranken.

Eltern sollten frühzeitig dafür sorgen, daß ihre Kinder genügend Phantasie entwickeln für Aktivitäten, die später als Hobby den notwendigen Ausgleich zur beruflichen Belastung bringen können. Einfaches Spielzeug, Baukästen, freien Auslauf, abwaschbare Wände zum Schmieren, mehr Freiheit und Risikobereitschaft, mehr Lob und Aufmunterung, weniger Fernsehen, weniger Tadel und Anpassungsdruck sollten sie ihnen geben, damit Phantasie und Kreativität nicht verkümmern. Nur wer solche Interessen verwirklichen konnte, ist imstande, berufliche Last mit schöpferischer Lust aufzufangen.

Der ungeheure Leistungs- und Erfolgsdruck raubt dem Durchschnittsmenschen die Freude an der Arbeit. Heute läßt kein

Schüler mehr seinen Nachbarn abschreiben; jeder muß schauen, wo er bleibt. Immer mehr Arbeitnehmer lehnen eine Beförderung ab aus Angst, den neuen Anforderungen nicht gewachsen zu sein. Dem steht eine beachtliche Anzahl derer gegenüber, die nicht schnell genug die Karriereleiter besteigen könne. Mit Lebensqualität hat das alles kaum zu tun.

Die Krankmeldungen, die eine Zeitlang zugenommen haben, gehen wieder zurück, weil die Angst vor dem Verlust des Arbeitsplatzes zu groß ist. Dafür häufen sich die Anträge auf vorzeitigen Ruhestand; es häufen sich die Selbstmorde auf Raten (bewußtes Sich-zu-Tode-Rauchen, risikoreiches Autofahren, gewagte Abenteuer), und es nehmen die Suizide der Menschen in sozialen und therapeutischen Berufen zu.

Wen wundert es da, wenn moderne Endzeitpropheten Hochkonjunktur haben und das Blaue vom Himmel versprechen können; was teuer und exotisch ist, muß ja gut sein. Viele opfern ihren Urlaub für esoterische Seminare, Reinkarnationstherapien und Reiki-Einweihung. Da wird mittels Rebirthing, Yin und Yang, Tantra und Mantra, Qi-gong und Tarot das Heil gesucht, das Bewußtsein erweitert. Jetzt kommen die ersten Esoterik-Geschädigten in die psychologischen Praxen, frustriert, keineswegs gestärkt, wiedergeboren oder transzendental erleuchtet.

Es führt kein Weg daran vorbei: Die Annahme von Leid und Kreuz, von Mißerfolg und Krankheit ist der einzige Weg zum Leben. Das haben die Religionen, insbesondere das Christentum, erkannt. Und wer das Glück auf Erden verspricht, wird es nicht einlösen können. Da halte ich mich lieber an einen Mann namens Jesus, der zwar nicht am Leid vorbeiführt, aber durch das Leid hindurch.

Die Glückssucher im Ashram des verstorbenen Guru Baghwan und die Aussteiger auf der Insel Ithaka haben erkannt, daß dies nicht der Weg ist. Wann werden die Esoteriker merken, daß auch auf Lanzarote der Stein des Weisen nicht liegt?

IV. Übersicht: Organsprache und typische Störungen

Im folgenden sind alle gebräuchlichen Redensarten, die sich auf verschiedene Organe beziehen und auf die möglichen seelischen Ursachen schließen lassen, angeführt. Dabei ist der bisweilen treffende und aufschlußreiche Ausdruck im deutschen Sprachschatz keineswegs ein Zufall, sondern Ergebnis unbefangenen, volkstümlichen Denkens. Auch im Französischen, Englischen und Italienischen gibt es viele deckungsgleiche Redewendungen.

Kopf
Zu Kopf steigen. Sich den Kopf zerbrechen. Sich etwas in den Kopf setzen. Mit dem Kopf durch die Wand gehen. Jemandem die Stirn bieten. Dickkopf. Etwas bereitet Kopfschmerzen.

Kopfschmerzen und Migräne als Folgen eines starken Leistungsdenkens bei gleichzeitiger Versagensangst.

Nase
Jemanden nicht riechen können. Verschnupft sein. Die Nase voll haben von etwas. Einen guten Riecher haben.

Schnupfen als Folge von Ärger und Enttäuschung.

Hals – Nacken
Sich zuviel aufhalsen. Halsstarrig. Faust im Nacken fühlen. Waghalsig. Er bekommt den Hals nicht voll genug. Es steht ihm bis zum Hals. Geizhals. Das bricht ihm noch den Hals/das Genick.

Schmerzen in der Hals-Nacken-Zone als Folge sturer und ehrgeiziger Lebenshaltung.

Atmung – Luftröhre
Es bleibt einem der Atem weg. Es verschlägt einem den Atem. Es liegt auf der Brust. Jemanden anblasen oder anpfeifen. Dampf ablassen. Er wird dir etwas husten. Sie hört die Flöhe husten.

Asthma, Bronchialkatarrh und chronischer Husten als Folge erdrückender Mutterliebe, Bevormundung oder unterdrückter Aggression.

Herz
Es gibt mir einen Stich ins Herz. Man nimmt sich etwas zu Herzen. Hochherzig. Kaltherzig. Mit blutendem Herzen. Mit ganzem Herzen dabeisein. Auf Herz und Nieren prüfen. Sich ein Herz fassen.

Herzstechen, Herzflimmern und Herzneurose als Folge gestörter Liebe und Angst vor Einsamkeit, Partnerverlust.

Magen – Verdauungsorgane
Der Magen dreht sich um. Er frißt sich ein Loch in den Magen. Er reagiert sauer. Es schlägt auf den Magen. Ich kann es schwer nur verdauen. Es ist zum Kotzen. Das bleibt im Hals stecken. Es kommt einem hoch. Der kriegt den Hals nicht voll genug. Wut im Bauch haben.

Magenschmerzen und Verdauungsstörungen als Folge einer Sucht nach Liebe, Folge von verdrängten Aggressionen und Ängsten.

Galle
Ihm läuft die Galle über. Gift und Galle spucken. Grün und blau ärgern.

Gallenkoliken, -steine. Ärger, Wut, aggressive Ohnmacht.

Nieren
Das geht an die Nieren. Auf Herz und Nieren prüfen.

Folge emotionaler Betroffenheit, Schock.

Stuhlgang
Das ist eine schöne Bescherung. Korinthenkacker. Jemanden anscheißen. Mit Geld bescheißen. Ich habe Schiß davor. Einen Anschiß bekommen.

Verstopfung als Folge einer Hingabestörung, Durchfall als Zeichen von Angst und Wut.

Kreuz – Rücken
Sich etwas aufbuckeln. Buckel hinhalten. Sich steifhalten. Sein Kreuz tragen.

Rückenschmerzen als Folge seelischer Last.

Blut – Kreislauf
Das Blut stockt/erstarrt/kocht in den Adern. Kalt-, heißblütig. Blut schwitzen.

Kreislauferkrankungen als Folge von Angst oder Aggressionen.

Zähne – Kiefer
Auf die Zähne beißen. Die Zähne zeigen. Sich (in) etwas verbeißen. Sich daran die Zähne ausbeißen. Mit den Z. knirschen.

Kiefer- und Zahnerkrankungen aufgrund verdrängter Aggressionen.

	Gefühle	Ernährung	Körper
Ursachen	Ärger, Enttäuschung, Aggressionen, Ängste, Schuldgefühle werden verdrängt	hochkalorienhaltige und fette oder süße Nahrung, Nikotin, Alkohol, Medikamentenmißbrauch	Bewegungsmangel, Sauerstoffmangel, Vernachlässigung des Körpers
Seelischkörperliche Folgen	Magersucht Herzneurose Blasenstörung Seufzeratmung Globusgefühl Ängste Asthma Schnupfen Depression		
	Magengeschwüre Sexualstörungen Durchfall, Verstopfung Rheumatische Erkrankung Krebs Erbrechen Husten, Bronchitis		
		Eßsucht Hauterkrankungen Schlafstörungen Kopfschmerz, Migräne Arteriosklerose Blutdruckerkrankungen	
Organische Folgen	Gefäßverengungen, -verstopfungen, -verhärtungen, Mangeldurchblutung, Cholesterinablagerungen, Muskelverspannungen, Stoffwechselstörungen, hormonelle Veränderungen, Blutdruckveränderung		

Abb. 8. *Seelisch-körperliche Reaktionen (Psychosomatik)*

V. Therapieverfahren

Die in diesem Buch aufgezeigten Erkrankungen sind in Symptomatik und Herkunft so unterschiedlich wie die heute praktizierten Therapieverfahren. Im folgenden Kapitel möchte ich die bekanntesten Therapiemethoden beschreiben, nach Möglichkeit auch auf Dauer und derzeitige Kosten eingehen und einen Überblick darüber geben, welche Therapien bei welchen Therapeuten durchgeführt werden sollten.

Bei der Behandlung einer Krankheit ist zu unterscheiden, ob das Symptom, also der Kopfschmerz oder die Schlafstörung, oder ob die Ursache dieses Symptoms behandelt wird. Medikamente lassen bestenfalls die Symptome verschwinden, wobei jedoch die tieferliegenden Ursachen weiterbestehen bleiben. So gesehen bleibt die chemische Therapie meist eine vorläufige oder begleitende Therapie zu anderen psychologischen Verfahren. Sie ist gewiß bequem, nicht aber unbedingt billiger oder von anhaltender Wirkung.

Umgekehrt gibt es körperlich-seelische Erkrankungen, bei denen die Medikamente die Hauptbehandlungsmethode bleiben, die psychologische Therapie lediglich begleitende Stütze darstellt. Das gilt vor allem für endogene Depressionen, Schizophrenien und Alterspsychosen.

Die tiefgreifendste Behandlung geht auf die Suche nach den möglichen Ursachen der betreffenden Krankheit. Wie wir gesehen haben, können Kopfschmerzen mannigfaltige Ursachen haben. Was nützt es dem Patienten, jahrelang Tranquilizer einzunehmen, wenn zwar der Schmerz verschwindet, er sich aber dafür die Gewöhnung an das Medikament oder gar eine Organschädigung einhandelt? Ist beispielsweise ein unterschwelliges Angstgefühl schuld an der Störung, wäre es besser, jenes Angstgefühl zu erhellen und in den Griff zu bekommen. Auch für die Kassen wäre dies eine erhebliche Kosteneinsparung. Überhaupt ist die Bewußtmachung der Hintergründe in vielen Fällen ein erster wesentlicher Schritt zur Selbsterkenntnis und Besserung.

1. Bewußtmachung und Deutung der Hintergründe: Analytische Methoden

Die psychoanalytische Psychotherapie hat zum Ziel, die Ursachen einer neurotischen Entwicklung aufzudecken. Sie ist also nur bei Patienten angezeigt, die einen seelischen »Komplex« haben, d. h. bei ihnen ist ein elementarer Lebensbereich unter- oder gar nicht entwickelt. Wer also unter krankhaften Ängsten, Zwangshandlungen, Zwangsgedanken oder massiven Selbstwertproblemen leidet, kann durch Aufhellung seiner Persönlichkeitsstruktur zu neuen Erkenntnissen gelangen, die ihm die Selbstverwirklichung ermöglichen.

Die Behandlungsdauer einer solchen klassischen *Psychoanalyse*, die vom Wiener Arzt Sigmund Freud entwickelt wurde, kann sehr lange dauern, bis zu mehreren Jahren, und sehr viel kosten. Sie findet durchschnittlich dreimal wöchentlich statt und kostet derzeit pro Stunde zwischen 100 und 200,– DM. Der Preis hängt oft von der wirtschaftlichen Größe der jeweiligen Stadt ab, in der der Psychoanalytiker arbeitet, auch von dem Ruf, den er zu haben glaubt, bisweilen auch vom Verdienst des Patienten.
Diese Psychoanalyse findet im Liegen statt, wobei der Therapeut hinter dem Patienten sitzt, sozusagen unsichtbar. Auf diese Weise kann der Patient oder Klient frisch von der Leber seine Empfindungen und Ängste, seine Gedanken und Träume mitteilen.
Die eigentliche Behandlung in dieser analytischen Therapie liegt in der Deutung dessen, was der Patient im Lauf der Zeit an Träumen oder Verhaltensweisen mitteilt. Diese Deutungen sollen die Hintergründe des Lebenskonzepts aufschlüsseln und so allmählich zu einer seelischen Heilung führen. Hierbei spielt natürlich auch die Weltanschauung des Therapeuten eine Rolle, da sie die Richtung der Deutung beeinflußt.
Im Verlauf einer solchen »Behandlung auf der Couch« entwickeln die Patienten Widerstände oder gefühlsbetonte Bindungen an den Therapeuten, in der Fachsprache »Übertragung« genannt. Umgekehrt kann auch der Therapeut seine Empfindungen auf den Patienten übertragen, sich also verlieben oder Aggressionen entwickeln. Dies nennt man »Gegenübertragung«.

Die Überwindung dieser Widerstände und Übertragung ist ein wesentlicher Teil der Therapie. Der Analytiker muß sich gut im Griff haben. Diese gegensätzlichen Empfindungen werden aufgegriffen und zerlegt, analysiert, wobei die darin enthaltenen unausgereiften und kindlichen Verhaltensformen herauskristallisiert und verarbeitet werden. Auf diese Weise holt der Patient seine versäumte seelische Reifung nach. Der so wiederholte und künstlich erzeugte Leidenszustand wird überwunden und führt letztlich zu einer Heilung der gestörten gefühlsmäßigen Ebene. Das aber braucht lange Zeit.

Weil nun diese Form der Therapie lang und teuer ist, weil sie zudem eine gewisse Intelligenz seitens des Patienten voraussetzt, ist sie nur für wohlhabende, geistig bewegliche Neurotiker angezeigt. Glücklicherweise finden sich schwere Neurosen häufiger bei reichen und intelligenten Leuten als bei armen und dummen. Die Natur hat also auch hier vorgesorgt ...

Der Psychoanalytiker hat eine entsprechende, drei- bis vierjährige Zusatzausbildung hinter sich und ist oft gleichzeitig ein Psychiater oder promovierter Psychologe. Mit der teuren Ausbildung rechtfertigt der Analytiker seine hohen Honorare. Immerhin hat er selbst etwa 400 Stunden Lehr-Analyse hinter sich, die er bezahlen mußte. Zugleich begründet er das hohe Honorar mit dem damit erhofften Engagement des Patienten. Mit anderen Worten: Wer viel zahlen muß, ist eher bereit, an die Qualität und den Erfolg der Therapie zu glauben. Er bemüht sich auch mehr und arbeitet viel eher mit. Dennoch erlaube ich mir zu sagen, daß Stundenhonorare von über 100,– DM angesichts der zweifelhaften Erfolge der Psychoanalyse durch nichts zu rechtfertigen sind. Neben dieser exklusiven psychoanalytischen Psychotherapie gibt es noch andere, aufdeckende, also bewußtmachende Methoden, von denen ich hier die »analytische Kurztherapie« und die »analytische Gruppenpsychotherapie« nennen möchte.

Wenn ich in diesem Buch so oft die Bewußtmachung der Ursachen mancher Störungen empfehle, so genügt es vollauf, wenn dies nur in der *analytischen Kurztherapie*, auch Fokaltherapie genannt, geschieht. Sie ist billiger, dauert nur wenige Stunden und ist bisweilen kombiniert mit anderen Therapiemethoden, etwa mit Entspannungs- oder Suggestionstherapien.

Die Fokaltherapie (focus = Brennpunkt) findet im Sitzen statt, einmal pro Woche; und sie umfaßt 10–30 Stunden. Eine solche Stunde, die meist 50 Minuten dauert, kostet zwischen 90 und 120 DM. Hier wird lediglich auf die momentane Problematik eingegangen. Deutungen und Durcharbeitungen werden auf die Symptomatik ausgerichtet, derenthalben der Patient kommt. Der Therapeut selbst muß sehr engagiert sein und ist von Berufsbezeichnung Diplompsychologe, klinischer Psychologe oder Psychiater mit dem Zusatzvermerk »Psychotherapie«.

Da aber alle Therapeuten unterschiedliche Methoden anwenden und schließlich nicht sämtliche Verfahren gleich gut kennen und können, sollte man vorher telefonisch anfragen, ob diese oder jene Therapiemethode durchgeführt wird. Andererseits wird der Patient nicht immer wissen, was ihm gut tut und hilfreich ist. Deshalb sollte er sich vom Therapeuten genau die Behandlungsweise, ungefähre Dauer und die Kosten im Erstgespräch nennen lassen; sonst wird er allzurasch in eine Therapie hineingeritten, die ihm in jeder Hinsicht undurchsichtig und für die Heilung kaum förderlich erscheint.

Das am wenigsten aufwendige und finanziell leicht erschwingliche analytische Verfahren ist die »analytische Gruppentherapie«, eine Methode der inzwischen so bekannt gewordenen Gruppendynamik.

Wenn die in einer Gruppe von ca. 7–10 Personen angesprochenen individuellen Probleme durch gruppendynamische Aktivitäten analysiert und aufgearbeitet werden, spricht man von analytischer Gruppentherapie. Die sogenannten Encountertrainings (encounter = Begegnung), also Sensitivitytrainings, Aggressionsseminare, Kommunikationsübungen usw. gehören nicht in diese Kategorie, weil bei ihnen keine eindeutigen therapeutischen Zielsetzungen erfolgen.

Im Grunde geschieht bei der Gruppentherapie dasselbe wie bei der Psychoanalyse auf der Couch, lediglich weniger intensiv und weniger zeitraubend. Vor allem der Wettstreit und das zwischenmenschliche Verhalten in der Gruppe ermöglichen ganz andere Deutungsweisen und Problemlösungen. Es geht nicht einfach darum, im Kreis zu sitzen und frischweg seine Probleme offenzulegen, wobei der Leiter oder Trainer beifällig nickt, meist schweigt und am Ende kassiert. Wichtig ist der gemeinsame Versuch, Handlungen und Reaktionen einzelner zu deuten, die in der Übertragung oder im Widerstand erzeugten Phantasien und Empfindungen der Teilnehmer aufzugreifen und zu lösen.

Solche Gruppen sollten unbedingt nur von dafür ausgebildeten Fachleuten geleitet werden, also von trainierten Psychologen, Ärzten oder sogenannten »Gruppenanalytikern«. Die Bezeichnung »Psychiater« oder »Diplompsychologe« befähigt noch nicht dazu. Erst eine gruppenanalytische Zusatzausbildung, die allerdings nicht auf dem Praxisschild erscheint, berechtigt dazu. Hier wird viel Unfug getrieben, weil diese Tätigkeit immer noch nicht rechtlich geschützt ist und auch von Ärzten auf Gutdünken hin praktiziert wird. Interessenten tun gut daran, sich ein wenig umzuhören, wer in der Nähe solche Gruppentherapien durchführt. Die Berufsverbände geben hier Auskunft.

Um keine Mißverständnisse aufkommen zu lassen in diesem Dschungel von Gruppentrainingsseminaren, weise ich darauf hin, daß die in Beratungsstellen, Selbsthilfegruppen und Suchthilfezentren üblichen Gruppenseminare keine »analytischen Gruppenpsychotherapien« durchführen, lediglich Gespräche mit gemeinsamem Erfahrungsaustausch, wobei der Leiter ein ausgebildeter Sozialarbeiter, Pädagoge oder psychologisch geschulter Laie sein kann.

Hier eine Szene aus einer analytischen Gruppentherapie:

Patient 1: (wippt nervös mit dem Fuß)
Trainer: »Welche Empfindungen haben Sie jetzt? Was sagt Ihnen Ihr Fuß?«
Patient 1: »Mein Fuß? Nichts. Wieso?«
Trainer: »Versuchen Sie zu übersetzen, was das Wippen des Fußes bedeuten könnte.«
Patient 1: »Hm. Ich möchte die ganze Zeit schon etwas sagen, habe aber den Mut nicht dazu.«
Trainer: »Sagen Sie es jetzt! Tun Sie es einfach!«
Patient 1: »Mich stört Ihre Anwesenheit. Ich fühle mich irgendwie beobachtet, blockiert.«
Trainer: (schweigt)

Patient 2: »Finde ich aber gar nicht. Im Gegenteil: Ich empfinde die Anwesenheit des Trainers als angenehm.«

Patient 3: »Ja, für Sie vielleicht. Aber andere haben eben andere Gefühle.«

Trainer: »Welches Gefühl haben Sie?«

Patient 3: »Ich glaube, daß Sie für viele eine Vaterfigur sind.«

Trainer: »Und was bin ich für Sie?«

Patient: »Trainer! Einfach der Mann, der zu helfen versucht.«

Trainer: (schweigt)

Patient 2: »Eine Frage an Sie (Patient 1): Wieso blockiert Sie die Anwesenheit des Trainers?«

Patient 1: »Ich weiß nicht. Vielleicht werde ich zu sehr an meinen Vater erinnert. Er war ähnlich.«

Patient 2: »Wie?«

Patient 1: »Ja, so erhaben über alles. So unantastbar. Irgendwie kam ich mir immer klein vor. Wie ein getretener Regenwurm.«

Patient 3: »Ist das nicht ein Problem von Ihnen? Übertragen Sie Ihre gespannte Beziehung zum Vater nicht auch auf den Trainer?«

Patient 1: »Schon möglich.«

In diesem kurzen Ausschnitt wird deutlich, daß der Patient 1 seine gestörte Vaterbeziehung auf den Trainer überträgt. Wichtig ist hierbei, daß diese Frage bzw. diese Erkenntnis aus den Reihen der Teilnehmer kommt. Patient 3 verhält sich zunächst noch neutral, so als wäre er ein zweiter Trainer, der die Probleme der anderen aufgreift und seine eigenen hinter dem Berg hält. Später stellte sich heraus, daß gerade er massive Schwierigkeiten hatte, seine Empfindungen zu äußern und sein betont sachliches Verhalten als Schutzmaske zu entlarven.

Solche analytischen Therapien, die zur Selbsterkenntnis und Verhaltenskorrektur führen, setzen beim Trainer eine gute Kenntnis seiner eigenen Masken und Schwächen voraus. Allzu leicht können sonst seine Probleme, verstecktes Wunschdenken oder weltanschauliche Vorstellungen die Deutungen in eine falsche Richtung führen und dem Patienten eher schaden.

2. Selbsterfahrung und Selbstannahme: Gesprächspsychotherapie

Die Gesprächspsychotherapie, im folgenden kurz GT genannt, oder »klientzentrierte, nondirektive Gesprächstherapie« hat sich in den letzten Jahren sehr verbreitet. Die Ausbildung erhält der Psychologiestudent an der Universität oder in einem entsprechenden Fachverband.

Diese Methode lehnt im Unterschied zur analytischen Verfahrensweise jegliche Interpretation dessen, was der Patient oder Klient tut oder sagt, ab. Es findet also keine direktive, d. h. beratende, lenkende oder deutende Behandlung statt. Die GT ist darauf ausgerichtet, Gefühle und Einstellungen des Klienten zu verstehen, indem der Therapeut die vom Klienten ausgesprochenen Empfindungen und Einstellungen mit seinen Worten wieder aufgreift und die Welt so sieht, wie der Klient sie sieht. Hier wird also der Patient aktiv, der Selbsterforschung betreibt durch seine Äußerungen, die vom Therapeut mit anderen Worten wiederholt werden, ohne deshalb »Echo« zu sein.

Wer also Ratschläge, Diagnosen oder Aufdeckung seiner Hintergründe erwartet, wird enttäuscht. Die Tatsache, daß der Therapeut keine beratende Position innehat und sich freihält von Bewertungen oder Anweisungen, führt zu einem Prozeß der Selbstinfragestellung beim Klienten. Dieser drückt seine Gefühle frei aus und entdeckt allmählich nie bewußte, doch stets erfahrene Einstellungen, die er nun zu berichtigen befähigt wird. Der Therapeut hört aktiv zu. Ziel ist es, daß der Patient zu der Einsicht kommt, bislang immer nach dem gelebt zu haben, was andere tun und sagen, und sein eigenes Ich verleugnet zu haben. Diese seelische Vergewaltigung eigener Bedürfnisse hat ihn ja zum Therapeuten geführt, wobei ihm allerdings jener Verdrängungsmechanismus gar nicht oder nur vage bewußt war.

Solche nicht deutende Vorgangsweise setzt beim Therapeuten voraus, daß er seine eigenen Bedürfnisse kennt. Denn nur wenn er die eigenen Wünsche und Erwartungen auszudrücken imstande ist, vermag er auch die Anwesenheit solcher Bedürfnisse in seinen Klienten wahrzunehmen. So muß der Therapeut gewisse

Merkmale aufweisen, damit er unbefangen und ohne Ratschläge helfend zuhören kann. Es ist nämlich nicht leicht, Bemerkungen anderer wiederzugeben, ohne eigene Empfindungen hineinzuschmuggeln. Er muß den Klienten so sehen, wie der sich selbst sieht. Dieses Verhalten nennt man einfühlendes Verstehen.

Dann muß er eine gewisse Wärme ausstrahlen, die den hilfesuchenden Klienten spüren läßt, daß er als ganze Person mit all seinen Fehlern angenommen und zu einer Bewältigung seiner Probleme imstande ist. Eine solche positive Wertschätzung des Klienten stellt einen nicht mit Vernunft faßbaren, doch gefühlsmäßig spürbaren Antrieb zum Weitermachen der Selbstforschung dar.

Schließlich ist es wichtig, daß der Therapeut kein Theater und nur den Verständnisvollen aus psychologischer Taktik heraus spielt. Er muß vielmehr tatsächlich die ausgesprochene Einstellung des Klienten verstehen und sie zu übernehmen imstande sein. Das Verhalten des Therapeuten muß also echt sein.

Die GT führt zu größerem Selbstvertrauen, zur wirklichkeitsgetreuen Selbstwahrnehmung. Innere Spannungen nehmen ab; eine größere Unabhängigkeit von der Meinung anderer tritt ein.

Allerdings zeigt sich immer wieder, daß die GT bei bestimmten Störungen keinen Erfolg bringt. Wer beispielsweise wegen massiver Erötungs-, Platz- oder Kontaktangst einen Gesprächstherapeuten aufsucht und lediglich über seine Ängste spricht, verliert sie noch nicht. Hier sollte eine verhaltenstherapeutische Maßnahme angewandt werden, etwa die paradoxe Methode oder die Desensibilisierung, die auf S. 90ff. beschrieben ist.

Der Umfang einer solchen GT liegt zwischen 20 und 50 Sitzungen, dauert also maximal ein Jahr. Mehr ist nicht von Nutzen, lediglich teurer. Eine Sitzung kostet zwischen 90 und 130 DM. Einige Therapeuten handeln das Honorar auch mit dem Patienten vorher aus. Es empfiehlt sich, vorher anzufragen, wie der betreffende Therapeut vorzugehen pflegt (die meisten haben ihre speziellen Techniken) und was er verlangt.

3. Abbau von Ängsten und Aggressions-entladung: Paradoxe Methode

Im Kapitel über die Ängste (S. 87ff.) habe ich das Verfahren der »Desinsibilisierung« beschrieben, mit der Angstpatienten unter Mithilfe eines Therapeuten ihre Ängste verlieren können. Jetzt möchte ich eine andere erfolgreiche Technik erläutern, die schon nach 10–20 Stunden neurotische Angstformen wie Platz-, Errötungs-, Sozial-, Krankheits- oder Bazillenangst zum Verschwinden bringt, in massiven langjährigen Fällen mindestens jedoch verringert.

Diese Methode heißt »paradoxe Intention«, was soviel bedeutet wie »widersprüchliche Absicht«. Dahinter steckt die banale Aufforderung, das zu tun und mit Absicht zu wollen, was man befürchtet, also bewußt zu erröten, umzufallen, zu erbrechen, zu zittern oder was auch immer befürchtet wird.

Der Angstpatient flüchtet normalerweise vor der Angstsituation, meidet also Kontakte mit Personen oder Dingen, vor denen er diese unbegründete und existentiell bedrängende Angst hat. So bleibt der Platzängstliche zu Hause; der Sozialphobiker betritt nach Möglichkeit kein Restaurant oder Kino; der Errötungsphobiker wagt niemanden anzusprechen. Schon die Angst vor der Angst lähmt ihn und läßt ihn tausend Tode sterben. Alles Zureden hilft nichts.

Doch Flucht hat Angstzustände noch niemals beseitigt. Im Gegenteil: sie verfestigen sich mit zunehmendem Alter. Die paradoxe Methode nun fordert den Patienten auf, das zu wünschen, was er fürchtet. Auf diese Weise kommt er seiner Angst zuvor und nimmt ihr den Wind aus den Segeln.

Während die auf Seite 90ff. beschriebene Desensibilisierung durch die schrittweise Annäherung an die Angstsituation zum Ziel kommt, ist die paradoxe Methode eine rigorose Umkehrung der Gefühle: Wer Angst hat zu erröten, wünscht sich nun trotzig »Ich will sofort rot werden. Alle sollen sehen, wie rot ich werden kann!« Diese Flucht nach vorn gelingt nur, wenn der Betreffende nicht heimliche Zweifel hegt, etwa mit dem Gedanken »Ich will sofort rot werden! (Hoffentlich werde ich doch nicht rot!).« Solche heimlichen Befürchtungen verderben die beste paradoxe Absicht. Er muß vielmehr intensiv und überzeugt auf die Angst zugehen. Das Ergebnis nach einigen Übungen: Es geschieht nichts! Das Erröten gelingt nicht mehr. Die Selbstsicherheit kehrt allmählich zurück.

Hier zwei konkrete Beispiele, dargestellt an einer Platzangst und einer Bazillenphobie:

Frau N., 42 Jahre alt, litt seit acht Jahren zunehmend an der Angst, menscherfüllte Plätze und Räume aufsuchen zu müssen. In ihrer Furcht, umzufallen oder zu zittern, mied sie jegliche Räumlichkeit, in der sich naturgemäß viele Leute einfinden: Kaufhäuser, Kirchen, Geschäfte, Busse. Schließlich war sie kaum noch in der Lage, über die Straße zu gehen. So zog sie sich gänzlich zurück, belächelt von ihren Kindern und Verwandten, verärgert über sich selbst, doch unfähig, sich zu helfen.

Ich entschloß mich versuchsweise zum Verfahren der paradoxen Intention, weil sie einer Suggestionstherapie nicht zugänglich war und weil eine Analyse, also die Aufdeckung der Ursachen, aus finanziellen und intellektuellen Gründen nicht in Frage kam. So erklärte ich ihr genau diese Denktechnik und forderte sie auf, künftig alle jene Plätze absichtlich aufzusuchen, die sie bisher mied. Sie sollte mit der für sie leichtesten Aufgabe beginnen. Ihre Formel lautete: »Ich will, sobald ich angekommen bin, sofort umfallen. Jetzt beginne ich zu zittern und werde das Zittern verstärken, je weiter ich gehe.« Des weiteren hatte sie die Aufgabe, sobald die ersten Angstempfindungen aufkamen, ihre Angst anzusprechen: »Guten Tag, liebe Angst, wie nett, daß du wieder da bist. Wir beide werden jetzt mal den Leuten zeigen, was du alles kannst!«

In dieser ironischen, humorvollen Aussage wird die Angst zu einem Partner, dem man ins Auge sieht. Schon eine solche Umgangsweise verringerte die Angst und ließ die Frau die Lächerlichkeit ihrer bisherigen Zurückgezogenheit erkennen. Allmählich besserte sich ihr Zustand, obgleich sie zu Beginn der Behandlung Zweifel am Erfolg äußerte. Nach sechs Wochen war sie frei von ihren Ängsten und in der Lage, ihre Einkäufe ohne weiteres allein zu tätigen.

Dieser anfängliche Zweifel am Erfolg einer solchen merkwürdigen Therapie wird von fast allen Patienten geäußert. Nicht wenige lächeln über diese Methode oder lehnen sie mokiert ab. Doch noch jeder war nach der zweiten oder dritten Behandlungsstunde von der Wirkung überrascht und motiviert weiterzumachen. Wichtig ist dabei der sanfte Druck durch den Therapeuten, der anfangs die Patienten begleitet. Ebenso wichtig ist aber auch die wiederholte Erfahrung eines noch so kleinen Erfolgs.

Unvergessen bleibt mir die Bemerkung einer Patientin, die aus dem ländlichen Raum stammte und an massiver Platzangst litt: »Herr Dukta, eisch hän goarnet geglawt, dat dat so funktioniere dät. Wirklisch, eisch fiehlen mich wie nau!« (Herr Doktor, ich habe gar nicht geglaubt, daß das so gut funktioniert. Wirklich, ich fühle mich wie neu!)

Ein junger Mann, 28 Jahre alt, von Beruf technischer Zeichner, erkrankte an einer sehr lästigen Bazillenangst und mied nach Möglichkeit die unmittelbare Berührung mit Türklinken, Händen und Klingeltasten. Meist benutzte er Handschuhe oder seinen Ellbogen. Doch nicht immer konnte er das Problem so elegant lösen und kam dann in arge Verlegenheit. Seine Angst, an irgendwelchen Infektionen zu erkranken, stieg ins Unerträgliche und konnte schließlich nur noch durch einen übertriebenen Handwaschzwang aus der Welt geräumt werden. Dieser junge Mann war also doppelt krank: Er litt unter einer Angst- und Zwangsneurose. So entschloß er sich recht spät, zu einem Therapeuten zu gehen, nachdem die vom Hausarzt verschriebenen Melleril-Tabletten keinen Erfolg brachten.

Da Zwangshandlungen weitaus schwieriger, bisweilen gar nicht zu behandeln sind, entschloß ich mich, zunächst die Bazillenangst in Augenschein zu nehmen, nicht zuletzt der Hoffnung wegen, daß dann auch der Waschzwang ein Ende haben werde. So machte ich den jungen Mann mit der paradoxen Methode bekannt. Er sollte sich also überall und möglichst oft mit den Bazillen konfrontieren, Türklinken berühren, Hände schütteln, Geländer anfassen und so fort. Dabei begleitete ihn ständig der Gedanke; »Ich will mir jetzt möglichst viele Krankheiten zulegen. Will doch mal sehen, wie krank ich werden kann!«

Zugleich erhielt er den Auftrag, sich höchstens zehnmal pro Tag die Hände zu waschen. Immer sollte ihn der Wunsch begleiten, sich eine Infektion zu holen.

Nachdem er merkte, daß sich nichts tat und daß sämtliche Befürchtungen grundlos waren, schien es ihm sogar Spaß zu bereiten, das Schicksal stets von neuem heraufzubeschwören. Und so schüttelte er nicht nur emsig die Hände seiner Bekannten – zu deren großem Erstaunen –, sondern er wischte auch noch scherzhafterweise mit den Händen über den Teppich, blätterte in alten Zeitungen und konnte es sich ganz gut verkneifen, seine Hände zu waschen. Ich konnte von Glück sagen, daß er während der Behandlungszeit von zwei Monaten nicht erkrankte; sonst wäre wahrscheinlich die gesamte Arbeit vergeblich gewesen.

Während ich an diesem Buch schreibe, befindet sich ein 39jähriger Mann wegen Errötungsangst in meiner Behandlung. Seit seiner Kindheit plagt ihn das Erröten, sobald ihn jemand anspricht. Am schlimmsten wird es, wenn er im Geschäft etwas kaufen soll oder mit seiner Frau ein Restaurant aufsucht. Sein Gesicht erhält im Nu die Farbe einer Tomate. Jeder Beobachter sieht ihm die Not an, die aus jeder Pore schreit. Nirgends findet sich ein Loch, in dem er verschwinden könnte! Manchmal kann er vor lauter Herzflattern nicht mehr sprechen. Daß er als Handwerker auch noch in die Häuser gehen muß, gibt ihm den Rest.

Aufgrund seiner äußerst massiven Errötungsangst, die mit intensiven Minderwertigkeitsgefühlen einhergeht, beginne ich die Therapie zunächst einmal mit einigen hypnotischen Sitzungen. Bis jetzt scheint das Ergebnis sehr vielversprechend. Seine alltäglichen Übungen, das Rotwerden vorzeitig und mit voller Absicht herbeizuführen, sind immer mehr von Erfolg gekrönt: Es gelingt immer weniger.

Wesentlich erscheint bei dieser paradoxen Methode nicht nur die Flucht nach vorn, also das gewollte Angsterleben mit all seinen Symptomen, sondern auch das Lächerlichmachen der Angst durch intensives Gedankentraining wie: »Grüß Gott, liebe Angst. Wie wär's heute mal mit einem gelungenen Knieschlottern oder Halswürgen? – Willst du gefälligst mein Gesicht rot machen! – Wenn du schon mal da bist und mich quälst, dann bitte ordentlich!«

Bleibt noch zu erwähnen, daß alle Patienten mit derartigen Ängsten gut daran tun, das Autogene Training zu erlernen, da es ihnen die notwendige körperliche Entspannung bringt, die während der Therapie und auch später von großem Nutzen ist.

4. Abbau von Ärger und Aggressionen: Gruppendynamik

Gruppendynamische Trainings haben Hochkonjunktur. Institute, Fachleute und blutige Laien bieten gleichermaßen solche Trainings für viel Geld an. Ziel ist bei allen Angeboten eine faire, freie und verständnisvolle Kommunikation untereinander, Abbau von Hemmungen und Ängsten sowie Erkenntnis versteckter Aggressionen und Masken.

Auch Scharlatane bieten solche Seminare an, zu denen Tausende pilgern, weil sie sich dort eine individuelle Selbstentfaltung und bessere Problembewältigung versprechen. Unter dem Deckmantel einer attraktiven exotischen Heilslehre werden Erfolgsrezepte angepriesen, die der Laie oft gar nicht überprüfen kann. Der massenhafte Zustrom gaukelt ihm die Richtigkeit der jeweiligen »Schule« vor. Vorsicht und prüfende Zurückhaltung sind geboten, weil nicht selten verkappte psychotische Tendenzen wachgerufen, Schizophrenien ausgelöst werden und ein fragwürdiges Ausbrechen aus der Gesellschaft erfolgt. Nicht jeder Guru ist ein Menschenkenner, nicht jeder ein ehrlicher Helfer.

Die größten Schwierigkeiten unserer Gesellschaft heute liegen im Umgang mit unseren Aggressionen, mit Gefühlen wie Ärger und Zorn und deren Verteidigung. Die Erziehung fordert von uns die Unterdrückung solcher Empfindungen, indem sie die »Beherrschung« verlangt, die allzuoft einer Verkrampfung gleichkommt. Das Herunterschlucken von aggressiven Regungen und berechtigtem Zorn führt aber keineswegs zur Ausgeglichenheit, vielmehr zu körperlichen Störungen, wie wir gesehen haben. Die Angst vor dem Liebesverlust, vor dem Verlust des Arbeitsplatzes erzwingt bei vielen eine zurückhaltende, scheinbar beherrschte Reaktion angesichts ärgerlicher Zustände und ungerechter Behandlung. Kinder werden bestraft, sobald sie Wutausbrüche offen zeigen; schreiende und tobende Erwachsene werden nicht ernstgenommen oder gar durch höhere Gewalt zum Schweigen gebracht. Kurzum: Offene Aggressionen sind in unserem Gesellschaftssystem tabu. Die Folge dieser Unterdrückung: Magenschmerzen, Geschwüre, Bluthochdruck, Kopfschmerzen, Schlaf-

störungen, Hüsteln, Globusgefühl im Hals, Konzentrations-
schwierigkeiten, Verkalkungserscheinungen.

Wie ich schon in Kapitel II erwähnt habe, vermögen primitive
Stämme auf Neuguinea ihre Aggressionen abzureagieren, indem
sie mit einer Axt auf einen Baum einschlagen. In der Tat zeigen
sie keinerlei körperliche Erkrankungen, die auf ein Schlucken
von Ärger schließen lassen könnten. Unsere zivilisierte Gesellschaft kennt solche Möglichkeiten nicht, jedenfalls nicht als ritualisierte Geste. Wir neigen zur Verdrängung und wundern uns
dann über unsere Unfähigkeit, uns durchzusetzen oder Begonne-
nes zu vollenden, Sprechängste abzubauen, sachlich zu bleiben
oder zu verzeihen; solches Unvermögen ist Folge einer abge-
blockten Kommunikationsfähigkeit.

Da diese Verhaltensstörungen zugenommen haben, entschlossen
sich viele ernstzunehmende Psychologen, unter denen leider auch
Scharlatane sitzen, zum Angebot von Trainingsseminaren unterschiedlichen Charakters mit gleichen Zielen: Bewußtmachung
der unterdrückten Gefühle und Loswerden dieser Gefühle in
Gesprächen und Spielen. Diese gruppendynamischen Seminare,
auch Encounter (= Begegnung) genannt, umfassen Selbsterfah-
rungs-, Gestalt-, Konflikt-, Kreativitäts-, Körper-, Aggressions-
trainings und viele andere Formen.

Das Aggressionstraining, auch Aggression-Lab genannt, erstreckt
sich über mehrere Tage und findet unter Anleitung eines Trainers, also eines eigens dafür ausgebildeten Pädagogen oder Psychologen statt. Es nehmen zwischen 8 und 12 Personen daran
teil. Mitunter geht es sehr laut zu, so daß solche Seminare in ge-
mieteten Pensionen, Hotels oder Ferienhäusern abgehalten werden zu Zeiten, in denen keine sonstigen Gäste gestört werden.

Zunächst werden die Teilnehmer mittels verschiedener Übungen
und Spiele aus der Reserve geholt und mobil gemacht. Im Verlauf
eines solchen Seminars kommt es dann bei manchen Personen zu
erheblichen Aggressionen – meist dem Trainer gegenüber –, die
durch Gespräche und weitere Ritualspiele »herausgeprügelt« werden. So besteht eine Übung darin, sich mit Schaumgummikissen
gegenseitig zu schlagen und dabei möglichst zu schreien und zu
schimpfen, bis die Erschöpfung eintritt. Die dahinter steckende
motorische Befreiung angestauter Gefühle ähnelt dem Baum-

schlagen, das die Arapesh praktizieren. Natürlich kann der Betreffende seinen Ärger außerhalb der Gruppe nicht durch Handgreiflichkeiten abreagieren. Aber er lernt in derartigen Ritualspielen, seine Empfindungen zu erkennen und zu bejahen, schließlich zu formulieren und zu begründen. Wer es einmal so weit gebracht hat, kommt mit seinen Empfindungen besser zurecht.

Für den Hausgebrauch heißt das: Gefühle, insbesondere aggressive Regungen, sollten möglichst rasch, ohne sie lange hinauszuschieben und dabei zu verdrängen, ausgesprochen und begründet werden.

Beispiele:

»Ich bin ziemlich sauer, weil du mir nicht zuzuhören scheinst. – Ich habe das Gefühl, daß du mir nicht zuhörst.«

»Ich bin sehr enttäuscht, weil du mir eine Lüge unterstellst. Versuch bitte einmal, mich zu verstehen!«

»Ich bin verärgert, weil du seit gestern abend kein Wort mehr mit mir sprichst. Ich weiß nicht einmal, warum du sauer bist.«

»Das ist jetzt schon das dritte Mal, daß du den Wagen benutzt, ohne mich zu informieren. Wir müssen uns endlich mal einigen, wer wann und wozu wegfährt.«

Natürlich ist die Umkehrung der Regel ebenso nützlich: Auf die Gefühle des anderen eingehen, ihm so das Sprechen darüber zu erleichtern.

Beispiele:

»Du bist doch sehr sauer, Otto. Das spür ich doch. Willst du mir nicht sagen, warum?«

»Ich habe das Gefühl, daß Sie verärgert sind über mein Verhalten. Ich bitte um Entschuldigung!«

»Wo drückt der Schuh, Gisela? Ich spüre doch, daß du ein Problem hast. Oder willst du jetzt nicht darüber sprechen?«

In dem Maß, in dem wir ein Recht darauf haben, Gefühle zu äußern, sollten wir anderen das Recht zugestehen, ihre Empfindungen ausleben zu dürfen, sofern sie nicht zerstörerisch wirken, also nicht unsachliche Beschimpfungen, Schläge oder Bedrohungen beinhalten. Es muß aber erlaubt sein, laut sein zu dürfen, zu weinen, auf einen Gegenstand zu schlagen (Kissen, Tisch, Wand...).

Einige vermögen ihre Aggressionen mit einem Dauerlauf um den Häuserblock abzureagieren, zumindest zu dämpfen. Andere benötigen da schon ein bißchen mehr: Sie fluchen vor sich hin, hacken Holz, zerschlagen eine Vase oder sonstwas. Dies ist völlig legitim, sofern keine destruktiven Kräfte frei werden. Leider aber reagiert ein Großteil der Menschen zu falscher Zeit am falschen Platz seine Gefühle mit falschen Methoden ab. Er setzt sich in den Wagen und rast mit durchgetretenem Gaspedal durch die Straßen; er zündet sich nervös eine Zigarette nach der anderen an; er wird handgreiflich und sucht eine Lösung im Alkohol, oder er ißt sich den Bauch voll.

Es gilt also die Regel: Aggressionen lassen sich nur fair abbauen, indem wir sie
1. als solche erkennen,
2. aussprechen,
3. begründen
und falls dann noch erforderlich
4. durch Schimpfen, Schreiben, Singen, Laufen und Schlagen auf Objekte in Abwesenheit anderer abreagieren.

Genau das tun die Teilnehmer in den gruppendynamischen Trainings. Viele werden sich dann erst ihrer verdrängten Aggressionen bewußt; manche brechen plötzlich in Weinen aus, wenn ihnen die »heilsame Wende« klar wird.

Bei einem solchen Seminar entwickelte sich zwischen einem Teilnehmer und mir eine spürbare Aggression. Der Betreffende empfand mich als autoritär und unangreifbar. Die gesamte Gruppe litt unter dieser Spannung. Schließlich forderte ich den »Gegner« auf, seine Wut durch Schlagen auf meine Brust an mir auszulassen. Natürlich polsterte ich meinen Körper mit mehreren Kissen. Er sollte auf die Kissen einschlagen und dabei jedesmal irgendetwas rufen, beispielsweise: »Du Idiot, du autoritäres Schwein...« usw. Das Spiel begann. Immer heftiger steigerte er sich hinein und trommelte schimpfend und schreiend auf mich ein. Plötzlich ging mir ein Gedanke blitzschnell durch den Kopf: Mir wurde auf einmal klar, daß er gar nicht mich schlug, sondern eine andere Person, für die ich stellvertretend meinen Körper hinhielt. So fragte ich ihn: » Wen schlägst du? Wer ist es, den du verhaust? Das bin nicht ich, das ist ein anderer, stimmt's?«

Da ließen seine Kräfte nach; er begann, lange und schluchzend zu weinen. Die Gruppe schwieg betroffen. Er sagte: »Ich habe meinen Vater geschlagen!«

Seit dieser Übung, die mir zwei angebrochene Rippen einbrachte, hatte er eine ganz andere, verständnisvolle Beziehung zu seinem Vater. Nur drei Tage benötigte er, um eine jahrelange verdrängte Aggression, die er bestenfalls an seinen Freunden und an fremden Leuten ausließ, in ihrer wahren Herkunft zu erkennen. Die Gruppe verhalf ihm dazu.

Noch einige Anmerkungen zu den Kosten und Veranstaltern solcher Seminare. Durchschnittlich belaufen sich die täglichen Kosten für das Training auf ca. 50,– bis 100,– DM zuzüglich der Pensions- bzw. Hotelkosten. Für eine Woche kann das auf insgesamt 500,– bis 1 000,– DM kommen. Die Durchführung erfolgt durch psychologische Institute, Bildungsstätten und private Einrichtungen (Kliniken, Internate). Anschriften vermitteln die Dach- und Berufsverbände, die im Anhang erwähnt sind.

5. Muskelentspannung und Einschlafhilfe: Progressive Relaxation

Mitunter kommt es vor, daß schlafgestörte Patienten auch mit Hilfe des Autogenen Trainings keinen Erfolg verspüren und dann rasch die abendliche Übung weglassen und wieder zu »ihren« Schlaftabletten greifen.

Hier empfehle ich zunächst eine muskuläre Entspannungsübung, weil sich gezeigt hat, daß viele solcher Schlafgestörten völlig verkrampft daliegen und dann auch mit dem Autogenen Training zu keiner körperlichen Gelöstheit kommen. Diese Verkrampfung spürt der Betreffende nicht; er glaubt, entspannt zu sein, doch hebt man seinen Arm hoch, so fällt er keineswegs schlaff herunter, sondern beharrt eine Weile in dieser Stellung, ehe er wieder langsam in die Lage zurückfällt. Unnatürliche Haltungen, die tagsüber eingenommen werden, beispielsweise ver-

spanntes Sitzen hinter dem Lenkrad oder Schreibtisch, ge-
krümmte Haltung am Fließband oder Küchentisch, ständiges
Seitwärtsblicken bei Schülern, die in Hufeisenform sitzen: all das
verursacht Muskelverkrampfungen und Wirbelsäulenschäden.
Für die Betroffenen vermag die progressive Relaxation, wörtlich:
fortschreitende Entspannung, eine Hilfe zum Einschlafen zu
sein. Hier nun die genaue Anweisung:
Sie legen sich auf den Rücken, möglichst auf eine harte Unter-
lage, völlig gestreckt, eventuell ein hohes Kissen unter den Knie-
kehlen, so daß die Beine nicht durchsacken. Die etwas erhöhte
Lage der Knie entspannt die Rückenmuskulatur. Sie schließen
die Augen und lassen sich etwa eine Minute zum Umschalten
und Abschalten.
Zwingen Sie sich zu nichts. Lassen Sie alles mit sich geschehen,
passiv und gelöst. Wenn es irgendwo juckt, kratzen Sie sich;
wenn Sie husten oder niesen müssen, tun Sie es. Versuchen Sie
jetzt, mit dem Ausatmen sich hineinfallen zu lassen in eine angenehme Ruhe und Gleichgültigkeit. Bis zu diesem Punkt gleicht
diese Übung dem Einstieg beim Autogenen Training.
Nun beginnen Sie mit der systematischen Körperentspannung,
indem Sie den rechten Fuß kreisend bewegen, und zwar kräftig
und angestrengt. Dabei sollten Sie sich dieser Anspannung bewußt werden. Nach einem kurzen Moment lockern Sie den Fuß
wieder, lassen ihn entspannt fallen und atmen dabei tief aus. Dasselbe wiederholen Sie jetzt noch einmal. Es kommt sehr darauf
an, die Anspannung intensiv und bewußt anzuhalten, um sie
dann beim Ausatmen gänzlich zu lösen.
Nun folgt diese Übung mit dem linken Fuß: Hochheben, krei-
sen, Anspannung kurz halten, einatmen, lösen, fallen lassen, ausatmen. Kurze Pause von einigen Sekunden.
Es folgt das ganze rechte Bein: Hochheben, anwinkeln, anspannen und anhalten, einatmen. Loslassen, strecken und ausatmen.
Wiederholung. Das linke Bein. Pause.
Jetzt setzen Sie die An- und Entspannung an der rechten Hand
fort. Es folgt die linke Hand, danach der rechte und linke Arm.
Bilden Sie mit den Händen eine Faust; winkeln Sie Ihre Arme
ganz an und stellen Sie sich vor, Sie würden wie ein Bodybuilder
Ihre Muskeln spielen lassen. Nach kurzem Anhalten der Span-

nung wieder lösen und tief ausatmen. Das Ausatmen ähnelt
einem befreienden Stoßseufzer.
Als nächstes spannen Sie die Bauchdecke an, halten die Luft an,
lösen wieder und lassen sich befreit fallen. Wiederholen Sie diese
Übung. So setzt sich die Entspannung fort bis hin zur Hals-
Nacken-Zone, Mund-Kiefer-Partie, Gesicht bis zur Stirn. Der gesamte Körper wird von Fuß bis Kopf systematisch durchtrainiert.
Der Trick bei dieser Methode liegt darin, daß eine unbewußte
Teilverkrampfung beim bewußten Anspannen der gesamten
Muskulatur noch einmal »mitgenommen« wird, um sich dann
beim Entspannungsvorgang mit den anderen Teilen gemeinsam
zu lösen. Das bewußte Atmen vertieft diesen Vorgang noch.
Nach dem Training, das ungefähr 10 bis 15 Minuten beansprucht,
kann das Autogene Training angefügt werden. Der Schlaf folgt
dann sehr rasch.

6. Stärkung des Selbstbewußtseins und Ruhevertiefung: Hypnose

So manche Hypnose-Demonstration im Fernsehen (»Hypno-
land«) und bei Jahrmärkten hat das Phänomen der Hypnose in
ein Zwielicht gerückt, das mehr Angst und Zweifel hervorgerufen hat als wirkliche Überzeugung. Immerhin ist die Therapie
durch hypnotische Verfahren wieder im Kommen, was die Ernst-
haftigkeit und Wirksamkeit dieser Technik erkennen läßt.
Hypnose heißt Schlaf und ist ein künstlich erzeugter, eingeengter
Bewußtseinszustand, der zur seelisch-körperlichen Heilung angewandt wird. Demonstrationen in der Öffentlichkeit dienen nicht
dieser Heilung, vielmehr einem Show-Effekt ohne jegliche therapeutische Absicht. Um einem Kranken zu helfen, ist es nicht erforderlich, ihn schwitzen, herumspringen, lachen und tanzen zu
lassen zur Gaudi der Zuschauer, die dadurch kaum von der Echt-
heit der Hypnose zu überzeugen sind. Gewiß ist vieles möglich in
der Hypnose. Tatsächlich ißt ein Mensch in diesem eingeengten
Bewußtseinzustand eine Zwiebel im Glauben, es sei ein Apfel.
Gewiß aber wird er im freien Raum nicht schweben; dies ist und
bleibt ein alter Trick und gehört in die Zauberkiste.

Was an Mißverständnissen, Irrtümern und Unsinnigkeiten über hypnotische Wirkungen im Umlauf ist, spottet jeder Beschreibung. So ist es beispielsweise völliger Humbug, daß ein hypnotisierter Mensch zu Handlungen fähig sein soll, die er im Normalzustand niemals ausführen würde. Er wird kein Verbrechen begehen, wenn er dies im Wachzustand ablehnt. Tut er es dennoch, so hätte er es auch im Normalzustand getan; die Hypnose weckte bei ihm lediglich kriminelle Energie und hob die natürliche Hemmungsschranke auf. Doch sind das seltene Fälle, die juristisch noch manche Frage aufgeworfen haben. Niemand würde in der Hypnose Geheimnisse ausplaudern, die er sonst geheimzuhalten sich geschworen hat. Die Durchführung einer Hypnose erfordert Freiwilligkeit und einen klaren Willen seitens des Patienten. Die Behauptung, nur willensschwache Menschen seien für solche Suggestionen empfänglich, stimmt nicht. Im Gegenteil: Nur der normal entwickelte, mit guter Willenskraft ausgestattete Mensch ist befähigt, sich den Suggestionen zu öffnen und aktiv mitzumachen, denn automatisch geschieht auch in der Hypnose nichts.

Wer sich also dagegen sträubt, wer Angst hat, Zweifel hegt, ist für dieses Verfahren ungeeignet.

Die Technik der Hypnose ist rasch erlernt und erfordert keinerlei übersinnliche Kräfte oder stechende Augen. Der Hypnotherapeut sollte allerdings eine überzeugende und vertrauenserweckende Ausstrahlung, eine angenehme Stimme sowie ein fundiertes Wissen haben. Er weiß, wer für eine Hypnose zugänglich ist, wann und wie er sie einsetzt, ohne auf irgendwelche geheimnisvolle Gesten oder Formeln angewiesen zu sein.

Wenn ich in der Überschrift von einer »vertieften Ruhebehandlung« spreche, so ist das nur eine Umschreibung für die Hypnose. Ebenso gut hätte ich sie Entspannung, Verbesserung künstlerischer, körperlicher oder geistiger Leistungen, ja sogar Heilung neurotischer Erkrankungen nennen können.

Es gibt auch Störungen, die die Anwendung der Hypnose nicht erlauben, auch wenn der Patient noch so gern will, zum Beispiel psychotische Erkrankungen wie Schizophrenie oder manisch-depressives Irresein, Hysterie oder übermäßiges Anlehnungsbedürfnis.

So eine hynotische Therapie, die im Prinzip dem Autogenen Training gleicht, kann zwischen 5 und 50 Behandlungsstunden von je 30 bis 50 Minuten Dauer umfassen, je nach Tiefe der Krankheit und Empfänglichkeit des Patienten. Wir wissen, daß sich manche Sportler hypnotischen Behandlungen unterziehen, um eine bessere Leistung zu erzielen, sozusagen ein seelisches Doping. Ich selbst hatte wiederholt Sportstudenten, Prüfungskandidaten und Schützen in meiner Praxis, die mit Hypnosen und dem parallel durchgeführten Autogenen Training erstaunliche Erfolge erreichten.

Allgemein läßt sich sagen, daß die Leistungsfähigkeit gesteigert werden kann, daß seelisch-körperliche Erkrankungen geheilt, selbst organische Störungen behoben werden können. Mein ärztlicher Hypnoselehrer, Dr. G. Krapf, berichtete, daß es ihm sogar gelang, Warzen an der Hand eines 16jährigen Mädchens nach wenigen Behandlungsstunden »wegzuzaubern«. Sie trockneten ein und ließen sich wie geplatzte Brandblasen einfach abziehen.

Raucher fragen gelegentlich, ob sie mit Hilfe der Hypnose das Rauchen aufgeben könnten. Die Erfahrung lehrt uns, daß es ohne Willensanstrengung nicht geht. Die in der Hypnose gegebenen Suggestionen stellen lediglich eine Stütze dar, die ein aufzustellendes Anitraucher-Programm begleitet; das Autogene Training hat dieselbe Aufgabe. Der Raucher wird also auch mit einem solchen Verfahren seine qualmende Gewohnheit nicht ablegen können, wenn er keinen Willen dazu hat. Erstaunliche Erfolge, die nach derartigen und anderen suggestiven Techniken berichtet wurden, sind selten und von kurzer Dauer. Automatisch geht eben nichts auf dieser Welt.

Ein Student kam eine Woche vor seinem Staatsexamen zu mir mit der Bitte um eine hypnotische Behandlung gegen seine Prüfungsangst. Angesichts der sehr knappen Zeit mußte ich eine Mammutbehandlung durchführen, die aufgrund seiner sehr suggestiblen Persönlichkeit glücklicherweise gut ansprach. Zu Hause trainierte er das Autogene Entspannen, wobei er eine Formel benutzte, die ich ihm auch während der Hypnosen ständig eingab: »Während der Prüfung schaltet das Unterbewußtsein auf eine positive Gleichgültigkeit und Gelassenheit. Prüfung und Prüfer sind völlig gleichgültig.« Am Vorabend des Examens erhielt er den Auftrag, mich unmittelbar nach dem Examen anzurufen, um mir das Ergebnis mitzuteilen.

Anderntags rief er pünktlich an und teilte mir mit guter Laune mit, daß er gar nicht zum Examen angetreten sei, weil ihm das alles völlig gleichgültig sei. Im übrigen könne er die Prüfung in Kürze nachholen. Er fühle sich bestens und bedanke sich nochmal für die Behandlung.

Zunächst glaubte ich an einen Scherz. Schließlich aber dämmerte es mir, daß die Formel falsch gewählt war. Sie erzeugt Gleichgültigkeit der Prüfung gegenüber und beinhaltet somit auch ein Fernbleiben. Es ist also wichtig, auf die logisch genaue Formulierung zu achten. Ebenso ist die von manchen Ärzten empfohlene Formel »Rauchen gleichgültig« unkorrekt, da auch sie den Patienten weiterrauchen läßt, wenngleich auch gleichgültig. Denn gleichgültiges Rauchen ist immer noch besser als ängstliches oder schuldbewußtes.

Es gibt auch ablehnende Stimmen der Hypnose gegenüber. Fundamentalistisch gesinnte Christen stellen diese Suggestionstechnik in die Nähe des Okkulten; sie sehen hierin eine Gefahr von dämonischer Beeinflussung und Abhängigkeit. Dazu möchte ich folgendes sagen: Wahr ist, daß die Tiefenhypnose, also jenes Verfahren, das das Wachbewußtsein ausschaltet, nicht unproblematisch ist. Hier können seelische Konflikte tatsächlich entstehen, auch Abhängigkeiten und paranormale Mechanismen.

Die Tiefenhypnose ist therapeutisch nicht erforderlich; um beispielsweise Schmerzen, Ängste, traumatisierende Erlebnisse oder nervöse Symptome zu behandeln, ist eine sogenannte Flachhypnose völlig ausreichend. Sie beläßt den Patienten in einem Wachzustand, in dem er alles registriert, seinen eigenen Willen behält und jederzeit von sich aus abbrechen kann.

Regressionshypnosen, die nach einem früheren Leben forschen, also die Reinkarnation vertreten, lehne ich ab. Hier liegen Versuche vor, das Leid des Patienten aus seinem Vorleben zu erklären (Karma-Prinzip) und nun entsprechend »Beweise« zu finden. Auf diese Weise kann eine Halsnarbe oder ein Muttermal als Einstichstelle verstanden werden: Der Betreffende ist also erstochen worden und zeigt in seinem jetzigen Leben an der entsprechenden Stelle Narben.

Jeder hat das Recht der freien Therapeutenwahl. Und wenn ihm ein therapeutisches Verfahren nicht geheuer vorkommt, darf er Klarheit verlangen bzw. davon Abstand nehmen. Wer Näheres erfahren will über Hypnose, Autogenes Training und andere ihm verdächtig vorkommende Methoden, lese mein Buch »Wege zum geistlichen Leben« (Steinkopf-Verlag). Dort habe ich versucht, zu differenzieren und aus christlicher Sicht zu bewerten.

7. Positives Denken und zuversichtliches Handeln: Autogenes Training

Das Autogene Training ist eine Abwandlung der Hypnose und stellt ein Entspannungsverfahren dar, das im Alleingang zu Hause täglich geübt werden kann. Es bedarf allerdings zuerst der fachlichen Anleitung in Kursen oder Privatpraxen von Ärzten oder Psychologen, da das Erlernen anhand von Büchern oder Cassetten jegliche Kontrollmöglichkeit ausschließt. Kurse, die im allgemeinen zwischen sechs und acht Abenden umfassen, bieten Volkshochschulen, Erwachsenenbildungszentren, Kliniken und Familienbildungsstätten an.

Autogenes Training meint in seiner wörtlichen Übersetzung: aus dem Selbst entstehendes Üben. Es wird im Sport, in der Schule, am Arbeitsplatz, in Prüfungs- und Angstsituationen, in der Schwangerschaft und bei körperlich-seelischen Störungen eingesetzt, ist relativ rasch erlernbar und kann sitzend oder liegend durchgeführt werden. Dabei handelt es sich um das systematische Erlernen und Denken bestimmter Formeln, die auf den Körper einwirken und eine Entspannung herbeiführen. Die Formeln, die in diesem Training immer wieder gedacht, sozusagen suggeriert werden, lauten im einzelnen:

1. Die Arme und Beine sind bleischwer und müde.
2. Die Hände und Füße sind strömend warm und weit.
3. Der Atem geht ruhig und regelmäßig. Es atmet mich.
4. Der Puls (oder: das Herz) schlägt ruhig und regelmäßig.
5. Der Magen (oder: Das Sonnengeflecht) ist strömend warm.
6. Die Stirn ist angenehm kühl und entspannt.

Die Einprägung solcher und anderer positiver Sätze bewirkt allmählich ihre Verwirklichung. Diese Gedanken setzen sich durch,
so daß also bei der Wärmeformel (Nr. 2) tatsächlich eine spür-
und meßbare Erwärmung stattfindet.
Viele Menschen denken seit Jahren, bedingt durch die Erziehung, in gewissen Formeln, die sich auch verwirklicht haben. Sie
trainieren also autogen, ohne es zu wissen, jedoch mit negativen
Vorzeichen. So sind die Formeln »Ich habe keine Zeit« – »Ich
schaffe das nicht« oder »Ich kann nicht schlafen« sehr verbreitet
und viele Jahre hindurch unterschwellig gedacht. In der Tat: Sie
haben sich durchgesetzt.
Das Autogene Training, das ich hier beschreibe, ist ausschließlich
positiv und stärkend aufgebaut. Gerade Streßerscheinungen wie
Kopf- und Magenschmerzen, Migräne, Kreislauflabilität, Schlaf-
und Konzentrationsstörungen, Ängste, Nervosität, vegetative
Dystonie, Verdauungsprobleme und Schmerzen sind mit dem
Autogenen Training gut in den Griff zu bekommen, mitunter
auch zu beseitigen. Voraussetzung ist jedoch das regelmäßige
Training, d. h. nach Möglichkeit täglich ca. 10 Minuten.
Wesentlich an diesem Entspannungsverfahren ist der Glaube
daran. Hierin ähnelt diese Technik dem biblischen Rezept, wonach allein der Glaube an eine Heilung ausschlaggebend ist für
die Heilung; so heißt es sehr häufig: »Du bist gesund, dein
Glaube (auch: deine Einbildung) hat dir geholfen!« (Matth. 9,6 +
22). Wer also Zweifel hegt, der wird kaum Erfolg haben.
In meinen Kursen finden sich immer wieder Teilnehmer, die Befürchtungen äußern, sie könnten vielleicht nicht mehr wach werden hinterher. Dies ist absurd und ohne jegliche Grundlage. In
einem solchen Training empfindet man völlige Ruhe, angenehme, schwebende Entspannung, Befreiung von Streß und körperlichen Beschwerden. Gefahren bzw. schädliche Folgen sind so
gut wie unbekannt. Es gibt trotzdem Einschränkungen: So hat
diese Übung für Geisteskranke und möglicherweise auch schwer
Depressive kaum Erfolg. Auch kommt es schon einmal vor, daß
Beruhigungsmedikamente (Tranquilizer) verstärkt wirken, so
daß also die Herabsetzung der Dosis von Vorteil ist.
Wer einen Kurs besucht hat und Erfolge spürt, braucht nicht
immer sämtliche Formeln zu üben. Es genügt, wenn er nur die

Wärme- oder Schwereübung praktiziert, weil die anderen Bereiche gleichzeitig wirksam werden, also Magenwärme, Pulsregelmäßigkeit und Stirnentspannung.

Von Vorteil ist auch, neben dem körperlichen Entspannungstraining bestimmte Persönlichkeitsformeln zu denken, die jeder sich »zurechtbastelt« kann. Er sollte diese Formel über lange Zeit hindurch täglich denken, so daß sie auch wirksam werden kann. Solche Vorsätze lauten:

Ich bin ruhig und gelassen. Ärger gleichgültig. Ich bleibe ruhig und gelassen. Nichts stört.

Ich handle fest und entschlossen. Ich erreiche mein Ziel. Nichts kann mich daran hindern.

Angst ohne jede Bedeutung. Ich bin sicher und selbstbewußt. Ich schaffe es. Es geht gut.

Lernen gelingt leicht. Gedächtnis behält. Ich arbeite ganz ruhig und konzentriert.

Wer sich seine Formel selbst suchen möchte, sollte sich an drei Regeln halten:

1. Sie dürfen die Worte »nicht« und »kein« nicht enthalten. Solche negativen Begriffe reizen das Unterbewußtsein zum Gegenteil. Wer also denkt »Ich habe keine Kopfschmerzen«, obgleich er sie hat, belügt sich und erreicht unter Umständen noch heftigere Schmerzen. Die richtige Formel lautet: Kopfschmerz gleichgültig.

2. Sie müssen in präsentischer, gegenwärtiger Form verfaßt sein, nicht in Zukunftsform. Also nicht: »Arme werden schwer. Ich werde schlafen bis morgen früh«. Sie schlafen sonst nicht sofort ein, da Sie ja durch die Zukunftsform den Schlaf vor sich herschieben. Richtig muß es heißen: Arme sind schwer. Ich schlafe jetzt ein. Ich schlafe durch bis zum Morgen.

3. Sie sollen kurz sein und so einprägsamer werden.

Allgemein gilt die Regel: Je länger man trainiert, desto eher schläft man ein. Wer also nicht einschlafen möchte, sollte nicht zu lange üben, maximal 20 Minuten, bei Patienten mit niedrigem Blutdruck maximal 5 bis 10 Minuten. Danach ist es sehr wichtig, sich »zurückzunehmen«, das heißt Arme und Beine kräftig zu schütteln und zu strecken, damit das Schweregefühl verschwindet.

Wenn diese Zurücknahme nicht oder zu ungenügend gemacht wird, kann eine Restschwere bleiben, die sich als Dösigkeit anfühlt. So ein Gefühl ist für Autofahrer gewiß nicht zu empfehlen. Es gibt neben diesem Grundkurs »Autogenes Training«, das der körperlich-seelischen Entspannung und einem positiven Selbstbewußtsein dient, noch einen fortführenden Oberstufenkurs. Dieser Kurs ist jedoch mehr der tieferen Schau in das Unterbewußtsein gewidmet; er soll zur Konfliktlösung beisteuern, setzt aber eine gute Kenntnis des Grundkurses voraus. Hier werden Bildvorstellungen geübt: Wiese, Meer, Berg usw., wobei der Psychologe bei den Deutungen solcher Schau-Erlebnisse behilflich ist. Wer die Oberstufe erlernen möchte, sollte dies am besten im Einzelkurs bei einem Arzt oder Psychologen tun.

Beobachtungen an Patienten, die regelmäßig das Autogene Training übten, ergaben folgende erstaunliche Resultate:

	Besserung **2 Wochen** nach Kursbeginn	Besserung **4 Monate** nach Kursbeginn	Besserung **1 Jahr** nach Kursbeginn
1. Angstzustände	55 %	72 %	89 %
2. Beklemmungsgefühle	53 %	68 %	89 %
3. Atembeschwerden	50 %	72 %	89 %
4. Kloßgefühl	37 %	69 %	89 %
5. Weinen	57 %	84 %	88 %
6. Reizbarkeit	63 %	82 %	88 %
7. Nervosität	62 %	84 %	88 %
8. Zittrigkeit	52 %	73 %	88 %
9. Magenbeschwerden	50 %	69 %	87 %
10. Innere Unruhe	62 %	82 %	85 %
11. Aufsteigende Hitze	48 %	71 %	84 %
12. Schweißausbrüche	42 %	65 %	84 %
13. Kopfschmerzen	50 %	67 %	84 %
14. Abgespanntheit	57 %	73 %	83 %
15. Schlafstörungen	52 %	78 %	82 %
16. Muskelverspannungen	58 %	71 %	81 %
17. Konzentrationsschwierigk.	39 %	59 %	81 %
18. Schwindelgefühle	46 %	70 %	79 %
19. Sorgen/Konflikte	42 %	69 %	78 %
20. Mattigkeit	57 %	61 %	77 %
21. Kreislaufbeschwerden	46 %	60 %	72 %
22. Herzbeschwerden	46 %	63 %	72 %
23. Verdauungsbeschwerden	24 %	46 %	70 %

Viele Leute, die mit dem Autogenen Training gute Erfolge erzielten, hören plötzlich auf mit dem täglichen Üben. Sie vergessen, daß diese Entspannung auch vorbeugenden Charakter hat und in guten Zeiten ebenso dienlich ist wie in schlechten. Hier ist vor allem an die bessere Durchblutung und Leistungsfähigkeit zu denken, die ein solches tägliches Üben mit sich bringt.

Wer die Entspannung ausschließlich gezielt anwendet, also gegen bestimmte Erkrankungen, sollte natürlich die entsprechende Formel kennen. Oft haben die Teilnehmer nicht den Mut, im Kurs nach »ihrer« Formel zu fragen. Deshalb biete ich an dieser Stelle eine Reihe von Vorsatzbildungen, wie die Formeln auch noch genannt werden, an. Sie sollten diese Formeln regelmäßig und über einen langen Zeitraum üben, auch öfter am Tag denken und in das liegende oder sitzende Training einbauen.

Asthma: Die Atmung ist ruhig und leicht. Nase, Rachen und Brust angenehm frei und entspannt. (Dazu Formel Nr. 3 + 5)

Bauchbeschwerden: Bauch und Magen strömend warm und entspannt. Mit jedem Ausatmen strömt Wärme in den Körper. (Dazu Formel Nr. 2 + 5)

Blasenbeschwerden: Die Blase behält. Ich habe die Blase unter Kontrolle. Oder: Die Blase entleert sich ganz von selbst. Ich bin gelöst und entspannt.

Bluthochdruck: (Hier reicht das Autogene Training bei täglichem Üben der Formeln 1, 2 und 4)

Darmerkrankungen: Magen und Darm strömend warm. Alles entspannt. (Außerdem Formel 5) Oder: Der Darm arbeitet regelmäßig, ruhig und von selbst.

Depressionen: Ich denke positiv. Ich schaffe es. Ich erreiche mein Ziel ganz fest und entschlossen. (Mitunter kann Musik im Hintergrund laufen; das hängt von der Art der Depression ab.)

Erbrechen: Der Magen ist strömend warm und entspannt. Der Magen behält, das Essen bekommt. Es geht mir gut. (Dazu Formel Nr. 5)

Erröten: Das Blut geht beim Ausatmen in die Beine. Der Kopf ist angenehm leicht und kühl.

Herzbeschwerden: Das Herz schlägt ruhig und regelmäßig. (Nicht: langsam!) (Wer unter Herzklopfen leidet: Der Puls schlägt ruhig und rhythmisch. Alles ist ganz gleichgültig.)

Heuschnupfen: Die Schleimhäute der Augen, der Nase und des Rachens sind angenehm kühl und normal feucht. Alle Stoffe neutral.

Husten: Die Bronchien sind ganz frei und gelöst. Alles strömend warm und entspannt. Mit jedem Ausatmen frei und gelöst. (Dazu Formel Nr. 3 + 5)

Kopfschmerzen: Kopf angenehm leicht und frei. Schmerzen ganz gleichgültig. Mit jedem Ausatmen fällt der Druck herab. Stirn angenehm kühl und frei. (Vgl. Akupressur S. 43)

Lernstörungen: Lernen gelingt leicht, Gedächtnis behält. Prüfungen gleichgültig. Ich lerne leicht und gelöst.

Magenbeschwerden: (s. Formel Nr. 5. Autogenes Training insgesamt hilft hierbei.) Der Magen ist strömend warm und weit.

Ohrensausen: Geräusch ganz gleichgültig. Die Ohren sind ruhig und still. Geräusch vertieft meine Ruhe noch mehr.

Rauchen: Nikotin uninteressant (nicht: gleichgültig!). Ich handle entschlossen und erreiche mein Ziel. Oder: Der Geschmack des Tabaks ist ganz uninteressant. (Dazu Formel Nr. 5)

Rheuma: Schultern, Arme, Rücken... strömend warm und frei von Schmerz. Mit jedem Ausatmen wärmer und gelöster. (Dazu Formel Nr. 1 + 2)

Schlafprobleme: Schlaf ganz gleichgültig. Ich bin müde, schwer und schlapp. Ich schlafe tief und fest. Ich schlafe durch. (Dazu Formel Nr. 1 + 2)

Schwitzen: Handflächen, Stirn... angenehm kühl und trocken. (Hierbei sollen die Handflächen nach oben zeigen, wenn liegend trainiert wird, um so die Oberflächenkühle, die immer im Raum spürbar ist, zu nutzen.)

Stottern: Ich spreche fließend, flüssig und frei. Die Schranken sind hoch, der Weg ist offen. Zuhörer gleichgültig. (Dazu Formel Nr. 3)

Zahnschmerzen: Schmerz gleichgültig. Kiefer strömend warm und entspannt. Mit jedem Atemzug strömt Wärme in den Kiefer.

Da sehr viel mit der Atmung gearbeitet wird, um Wärme bzw. Schwere zu erreichen, gebe ich noch einen Hinweis, wie man am besten zurechtkommt: Stellen Sie sich vor, daß beim Ausatmen der Atemstrom nicht hinausgelangt, sondern in den betreffenden Körperteil (Magen, Kiefer, Rücken...) hineinströmt. Sie denken sich den Atem in den Körper hinein. Dort verwandelt er sich in Wärme bzw. in Schwere. Stellen Sie sich des weiteren vor, daß mit jedem zusätzlichen Ausatmen neue und stärkere Wärmewellen in die gedachte Körperpartie hineinströmen und sich dort ausbreiten. Wenn Sie diese »Umleitung des Atemstroms« im Griff haben, vermögen Sie jederzeit und ohne Schwierigkeit, alle Körperstellen zu erwärmen und zu entspannen. Magen, Nacken, Hände und Kiefer sprechen besonders gut an. Vermeiden Sie Zwang oder Ungeduld. Im hartnäckigsten Fall erreichen Sie Ihr Ziel am besten mit völliger Gleichgültigkeit dem Training gegenüber. Zwingen Sie Ihre störenden Gedanken nicht weg; bleiben Sie passiv und lassen Sie einfach mit sich geschehen.

8. Richtige Ernährung und Kalorienzufuhr: Diätkost

Das Wort »Diät« bedeutet »Lebensart, Lebensunterhalt« und bezieht sich neuerdings auf den Bereich der Nahrungszufuhr, meint also Schonkost.

Bestimmte Organerkrankungen, insbesondere Magen-, Galle-, Leber- und Herzfunktionsstörungen, aber auch Mangelerscheinungen wie die Zuckerkrankheit, erfordern mitunter entsprechende Rücksichtnahme bezüglich des Stoffwechselvorgangs. Und der läßt sich mit einer ausgewählten Ernährung beeinflussen. Die aufgenommenen Nährstoffe werden im Verdauungstrakt in eine lösliche und aufsaugbare Form gebracht (Resorption). Das Blut transportiert sie dann in das Gewebe, wo sie »verbrannt« werden (Oxydation). Hier entstehen Wärme und andere Energien. Die Abfallprodukte dieser Verbrennung werden dann mit der Atmung, dem Schweiß, Harn und Stuhl ausgeschieden (Exkretion). Leidet der Mensch unter seelischem Streß, dann kann es sein, daß die Verdauung gestört wird und sich auf bestimmte Organe schädigend auswirkt.

So haben wir erfahren, daß beispielsweise stetiger Ärger eine vermehrte Magensäureproduktion zur Folge haben kann. Dies wiederum kann zu Magenschleimhautentzündungen (Gastritis) und zu Geschwüren (Ulkus) führen, wenn die Übersäuerung nicht gestoppt wird. Da Nikotin, Kaffee, Wein und Cola den Magen zur Säureproduktion anregen, empfiehlt der Arzt zunächst, diese Konsumgüter zu meiden. Dummerweise aber greift gerade ein verärgerter Mensch zu jenen Genußmitteln, weil er sich von diesen »Ersatzbefriedigungsmitteln« eine gewisse Beruhigung erhofft. Zuviel Fett kann der Leber und dem Herzen, auch dem Kreislauf schaden. Bei manchen Menschen schlagen sich die partnerschaftlichen Zwistigkeiten allmählich auf das Herz nieder, so daß eine zusätzliche Belastung eintritt. Aber auch hier zeigt sich oft genug, daß ausgerechnet Leute mit »Liebeskummer« vermehrt essen, und zwar gehörige Portionen mit entsprechender Kalorienzahl. So entsteht langsam eine Herzverfettung und Arteriosklerose.

Hier wird die Ursachenverkettung meist nicht erkannt, so daß die bedenkenlose Einnahme von Medikamenten nicht nur unnütz, sondern auch schädlich ist. Niemand käme auf den Gedanken zu sagen, er leide unter einer Arteriosklerose, weil er unglücklich verliebt ist. Daß aber sein Heißhunger am Kühlschrank möglicherweise ein Hunger nach Liebe sein könnte, mag er schon eher einsehen.

Solche Zusammenhänge müssen in Zukunft deutlicher gesehen und beachtet werden. Nur so kann eine gezielte, wirkungsvolle Therapie erfolgen. Eine lebenslängliche Diätkost ist solange ein Kuriosum, solange der Betroffene Ärger und Lustlosigkeit in sich hineinfrißt und die Diät zwangsläufig beibehalten muß. Hier ist bei seiner fehlgesteuerten Verarbeitung des Ärgers anzusetzen; ein dickeres Fell und ein positives Denken, das es zu erarbeiten gilt, wären zweifellos die bessere Therapie...

Kalorie – was ist das? In der menschlichen Ernährung ist die Kalorie Maßeinheit für den Nährwert von Nahrungsmitteln. Der tägliche Bedarf hängt allerdings von dem Grundumsatz ab (das, was der Körper im Ruhezustand verbraucht), der Arbeitsleistung und dem Gehalt der Nahrung. Kalorie ist der Brennwert eines Nahrungsmittels; 1 Kilokalorie (kcal) ist diejenige Wärmemenge, die notwendig ist, um 1 l Wasser von 14,5 Grad C auf 15,5 Grad C zu erwärmen. Seit 1978 ist die Kalorie offiziell abgelöst worden von dem Joule: 1 Joule entspricht 4,18 kcal. Doch von der Aussage her hat sich nichts geändert: 1 Gramm Fett liefert zum Beispiel 9,3 kcal oder 38,87 Joule, also eine hübsche Wärmemenge. Fett aber ist in vielen Nahrungsmitteln enthalten und entsteht auch bei einem Überangebot von Nahrungsstoffen. Wer zuviel ißt, kann nicht alles im Körper verbrauchen. Die Folge: Die unverbrauchte Menge wandelt sich in Fett um und lagert sich im Körper an. Es wäre also eine Täuschung, auf fettes Essen, auf Schweinefleisch und Butter zu verzichten, in der Hoffnung, schlank zu bleiben, gleichzeitig aber ungeheure Mengen an Genußmitteln wie Nüsse, Schokolade oder Eis zu verzehren.

Im folgenden können Sie selbst aus den Tabellen ersehen, wie der Speisezettel auszusehen hat, wenn bestimmte Erkrankungen vorliegen. Ich verzichte auf die Angaben der Kalorien-/Joulehaltigkeit, weil jede Apotheke solche Tabellen viel ausführlicher anbietet.

Magen-Diätkost

(bei Magenschleimhautentzündung, chronischer Gastritis, Magengeschwüren und operativ verkleinertem Magen)

Zu empfehlen:
ungesüßter, dünner Schwarz-, Fenchel- oder Kamillentee, Milch, Kakao, Joghurt, Rohsäfte aus Gemüse, Heilwässer, Bier, säurearmer Rotwein, Haferflocken, Reis, Leinsamen mit Gemüse, Geflügel ohne Haut, Cremesuppe, Kalbsbrühe, Milchsuppe, Kalbfleisch gekocht oder gegrillt, Süßwasserfisch gekocht, gekochter Schinken, Lakritz, Bananen, Äpfel, Aprikosen- und Pfirsichkompott, Ei in der Suppe, weich gekocht, Quark, Schichtkäse, Schmelzkäse, Butter, Sahne, Diätmargarine, Öl, Karotten, Spinat, Blumenkohl, Spargel, geschälte Tomaten, Kohlrabi, Kartoffelpüree, Salzkartoffeln, Toastbrot, Zwieback, Grieß, Haferflocken, Teigwaren, Reis;
zu meiden:
Bohnenkaffee, Cola, Alkohol (außer Bier und säurearmem Rotwein), fette, scharf gewürzte Speisen, fette Wurst, Räucherwaren, Schmorbraten, Fisch in Öl, geräuchert, Rhabarber, Johannisbeeren, Stachelbeeren, Pflaumen, hart gekochtes Ei, durchgezogene Omeletten, scharfe Käsesorten, Schweineschmalz, Rindertalg,

Mayonnaise, Hülsenfrüchte, Kohl, Gurken, Paprika, Rettich, Sellerie, Zwiebeln, Lauch, Pommes frites, Kartoffelsalat, -puffer, frisches Brot, Pumpernickel, Schrotbrot, Süßigkeiten, Nikotin.

In akuten Situationen einer Gastritis ist eine salzreiche Schleimdiät zu empfehlen, da infolge des Erbrechens Salzverlust besteht. Außerdem ist es immer gut, die Mahlzeiten auf 4 bis 5 kleine Portionen zu verteilen während des Tages und nicht drei sogenannte »Hauptmahlzeiten« beizuhalten, damit der Magen nicht überlastet wird. Langsam essen, gut kauen.

Verstopfung

Von der Einnahme von Abführmedikamenten ist abzuraten. (Siehe Kapitel II, S. 28ff.)

Zu empfehlen:
morgens nüchtern: eisgekühlter Fruchtsaft mit Milchzucker, Gemüsesaft, Aprikosen, Feigen;
Frühstück: Bohnenkaffee, Sahne, Yoghurt, Leinsamen, Vollkornschrotbrot mit Butter, Diätmargarine, Pflaumenmus, Rübensirup, Honig;
mittags: Kohl, Kraut, Sauerkraut, Blattsalate mit Öl, Nüsse, Oliven, Pilze, Kartoffelgerichte, Aprikosen- oder Zwetschgenknödel, Obst, Quarkspeisen, Haferflocken, Trockenfrüchte eingeweicht, Rhabarber;
abends: Salate, Obst, Haferflocken, Käse- oder Wurstsalat mit Oliven, Nüssen, Zwiebel, Öl, Heringsalat, Gewürzgurken, Rote Bete, Brot, Tomaten, Rettich, Kohlrabi, Kraut;
zu meiden:
blähende Speisen, Schokolade, bestimmte Medikamentengruppen: Analgetika, Codein, Eisenverbindungen, bestimmte Antidepressiva (Man beachte die Nebenwirkungen, die auf den Verpackungszetteln erwähnt sind!).

Blähungen

Zu meiden:
kohlesäurehaltige Getränke, gärende Getränke: Most, Bier, frisches Hefeteiggebäck, frisches Brot, Vollkornbrot, Schrotbrot, unreifes Obst, Pflaumen, Rhabarber, Johannisbeeren, Stachelbeeren, Nüsse, Rosinen, Hülsenfrüchte, Kohl, Kraut, Zwiebeln, Lauch, Rettich, Radieschen, Gurken, Rote Bete, Pilze, Blattsalate in größeren Mengen.

Herz-Diätkost (Herzschwäche)

Zu empfehlen:
Weißbrot, Zwieback, Reis, gekochte Teigwaren, gekochte Kartoffeln, Honig, Marmelade, Quark, Weichkäse, Pflanzenöl, Rühreier, Möhren, Kopf-, Endiviensalat, Spargel, Kompotte, Äpfel, Orangen, Bananen;
zu meiden:
zuviel Kochsalz, Fette.

Leber-Diätkost

Zu empfehlen:
Malzkaffee, Tee, Milch, Buttermilch, Joghurt mit Früchten, Frucht-, Gemüse-, Obstsäfte, Heilwässer, Püreesuppen, Cremesuppen, Bouillon, Kalbfleisch, Kalbsleber, Geflügel, fettarme Fische, gekochte Wurst, magerer gekochter Schinken, Quark, Schichtkäse, fettarme Käsesorten, Karotten, Spinat, Blumenkohl, Spargel, Kohlrabi, Kartoffelpüree, Salzkartoffeln, getoastetes Weißbrot, leichtes Gebäck, Kekse, Zwieback, Haferflocken, Reis, Teigwaren, Kompott, Pudding, Quarkspeisen, Obstcremespeisen, Honig;
zu meiden:
Bohnenkaffee, heiße oder kalte Schokolade, Alkohol, fette Rindsbouillon, Bratensoße, gebratenes Schweine-, Rindfleisch, fettiges Geflügel, Räucherwaren, Speck, fette, stark ausgereifte Käsesorten, Schweineschmalz, Mayonnaise, alle Kohlsorten, Hülsenfrüchte, Kartoffelsalat, -knödel, gebratene Zwiebeln, frisches Brot, Schwarzbrot, frisches Hefegebäck, Torten, Buttercremespeisen.

Zuckerkrankheit

Die Diät soll kalorien- und fettarm sein. Da der Kaloriengehalt, von Alter und Körperbau abhängig, vom betreffenden Patienten anhand von Tabellen errechnet werden sollte, verzichte ich hier auf eine Übersicht der Diabetes-Diätkost. Die Verträglichkeit der Kohlenhydrate wird anhand der Blutzuckerwerte überprüft. Zuckerkranke sollten Obst und Gemüse in ausreichender Menge zu sich nehmen, hingegen auf Zucker, Süßigkeiten, süße Weine, Bier und Spirituosen verzichten.

9. Medikamentöse Behandlung als Begleittherapie: Psychopharmaka

Der Griff zur Tablette ist heute jedem leichtgemacht. Für jedes Wehwehchen, für fast jedes Symptom gibt es Mittel, die nicht nur rasch erworben sind, sondern für die auch in teilweise unverantwortlicher Form geworben wird. Das Medikament ist zum alltäglichen, bequemen Konsumartikel herabgesetzt worden. Obgleich es über 20 000 Präparate gibt, reichen im ärztlichen Alltag rund 80 verschiedene Mittel aus, um der Not der Patienten Herr zu werden.

Das Medikament (= Heilmittel) kann sehr viel Segen bedeuten für unsere organischen und seelischen Erkrankungen. Es hat schmerzlindernde, stimmungsaufhellende, betriebsregulierende oder allgemein verbessernde Wirkung, wobei in der Regel das Mittel nach gewisser Zeit wieder abgesetzt werden sollte. Chronische Erkrankungen (zum Beispiel Bronchitis, Asthma, Allergien), ererbte oder veranlagte Mangelerscheinungen (Zucker, Nierenversagen) und schleichende Krankheiten (Krebs, Multiple Sklerose) erfordern eine lebenslängliche Einnahme bestimmter Mittel. Die meisten der in diesem Buch beschriebenen Erkrankungen jedoch sind mit kurzfristiger Medikamentierung bei gleichzeitiger Bewußtmachung und Korrektur der Lebensweise zu heilen, sofern sie nicht schon chronisch geworden sind. Die Menschen sind kritischer geworden gegenüber der Allopathie, d. i. die herkömmliche Schulmedizin. Viele sind nicht mehr bereit, bedenkenlos Psychopharmaka zu schlucken. Es gibt Erkenntnisse, wonach etwa ein Drittel bis ein Viertel aller verschriebenen Medikamente ungebraucht herumliegt oder weggeworfen wird. Da bedient man sich doch lieber der homöopathischen Mittel, die keine gefährlichen Nebenwirkungen haben oder vertraut den modernen (in Wirklichkeit sehr alten) Ganzheitsstrategien, wie z. B. die Ayurveda-Medizin der Inder (Schwitzbäder, Kräutereinläufe, Massagen, Aroma-Therapie), die Pflanzen- und Kristallmedizin der Schamanen (ähnlich die der hl. Hildegard von Bingen) oder die Akupunktur der Chinesen. Dennoch gibt es genügend Leute, die aus Gründen der Bequemlichkeit oder aus Unkenntnis und im blinden Vertrauen auf die Ärzte weiterhin lieber Chemie konsumieren, als an ihrer falschen Denk- und Lebensweise zu arbeiten. Ich spreche nicht von den Mangelerkrankungen, die die regelmäßige Einnahme bestimmter Hormone, Enzyme oder Vitamine brauchen. Bei einer derartigen Vorgangsweise wird der Bequemlichkeit Vorschub geleistet, und die Störung bleibt unter dem Deckmantel chemischer Substanzen weiterhin bestehen. So kommt es schließlich zur Chronifizierung der Krankheit, zur Gewöhnung an das Medikament und zur Erhöhung der Dosis. Der Kreis schließt sich.

Viele meiner Patienten, die wegen Ängsten, Unruhe, Schlafstörungen und Leistungsmängel kommen, haben schon jahrelang die verschiedensten Mittel ausprobiert, kennen sich vortrefflich aus in der Wirkung und Nebenwirkung, leiden aber unter der Erfolglosigkeit »ihrer« Pillen und sind kaum noch in der Lage, die Mittel abzusetzen.

Angst und Gewöhnung haben sie zu Abhängigen der pharmazeutischen Industrie gemacht, zu teuren Kunden der Krankenkassen.

Wiederholt finde ich Patienten vor, die gegen eine Reihe von Erkrankungen, die oft dieselbe Wurzel aufweisen, eine Reihe von Medikamenten schlucken, die ihrerseits eine Kette von Nebenwirkungen auslösen, die wiederum neue Medikamente verlangen. Hier ein drastisches Beispiel:

Eine 47jährige Frau kam wegen Depressionen zu mir. Trotz 4jähriger medikamentöser Behandlung veränderte sich ihr Zustand nicht. Sie nahm in dieser Zeit regelmäßig Tofranil ein gegen die Depressionen, Adumbran gegen die Schlafstörung, gelegentlich auch Dolviran gegen die heftigen Kopfschmerzen und schließlich Doberol gegen ihren Bluthochdruck. Inzwischen zog sie sich einen Leberschaden zu und ist von den Adumbran-Tabletten abhängig geworden. Wenn man einmal genauer die Wirkung und Nebenwirkung der genannten Mittel untersucht, ergibt sich folgendes Chaos:

Tofranil:	angezeigt bei Depressionen, verursacht mitunter Schlafstörungen, *Unruhe* (sog. Antriebssteigerung);
Adumbran:	hilft gegen Schlafstörungen, gegen *Unruhe*, Angst, macht aber müde, mitunter auch depressiv-passiv, und verursacht ein Schweregefühl in den Beinen;
Dolviran:	behebt Kopfschmerzen, greift die Leber an, macht *unruhig*, hebt sozusagen Adumbran-Wirkung auf;
Doberol:	senkt den Blutdruck, macht aber müde und erzeugt periphere Durchblutungsstörungen, dämpft *Unruhe*.

Wir sehen, welche aufhebende bzw. verstärkende Wirkung, vorallem welcher verwirrende Mechanismus im Körper entsteht, wenn man unbedenklich Medikamente einnimmt. Außerdem ist zu beachten, daß nach niedrigen Dosen eines Antidepressivums ein bestimmter Effekt auftreten kann, der sich nach höheren Dosen in sein Gegenteil verkehrt. So ist es auch möglich, daß nach langer Einnahme einer niedrigen Dosis die Depression wiederkehrt (Gewöhnungseffekt oder Plateauphänomen).

Um den Wirrwarr im Medikamentenangebot etwas durchsichtiger zu machen, führe ich die einzelnen Gruppen auf und weise auf ihre positiven und negativen Wirkungen hin. Ich beschränke mich hier auf die Psychopharmaka, weil sich meine Ausführungen nur auf die seelisch-körperlichen Störungen beziehen.

Gruppe I: Psychopharmaka mit anregender Wirkung

1. Antidepressiva

Je nach Präparat sind die Wirkungen unterschiedlich. Und keine Krankheitsform ist so vielfältig in Ursache und Wirkung wie die der Depressionen. So unterscheidet man organisch bedingte Depressionen (aufgrund arteriosklerotischer Erkrankungen, Epilepsie, Gehirnerschütterung u. a.), endogene Depressionen (Ursache nur ungenügend oder nicht bekannt, oft vererbt), hormonell bedingte Depressionen (Wechseljahre, Schwangerschaft), reaktive Depressionen (als Folge von großen Verlusten, Trauer, Enttäuschung), neurotische Depressionen (Fehlhaltungen durch Erziehung) und Erschöpfungsdepression (Streß, Überforderung). Schon diese Mannigfaltigkeit erfordert eine genaue Untersuchung der Herkunft depressiver Erkrankungen, um gezielt die psychologische und medikamentöse Therapie ansetzen zu können.

Die Antidepressiva haben stimmungsaufhellende, angstlösende und aktivierende Wirkung (bei unruhigen Symptomen werden Mittel mit beruhigender Wirkung verabreicht), deren Nebenwirkungen sich meist auf dem vegetativen Gebiet zeigen:

Verstopfung oder Durchfall
Fieber oder Wärmeabfall
Schwitzen oder Trockenheit
Hitzewallungen oder Frösteln
Hautrötung oder Blässe
Müdigkeit oder Schlafstörungen
Blasenfunktionsstörungen
Herzjagen oder Pulsverlangsamung
Übelkeit und Erbrechen
Kopfschmerzen und Schwindel

Werden Störungen dieser Art festgestellt, sollte das Mittel dennoch nicht schlagartig abgesetzt werden, da sonst Unruhe, Schlafstörungen, Schwitzen u. a. auftreten. Antidepressiva wirken erst nach einigen Tagen. Tritt keine Wirkung nach zwei Wochen ein, soll das Mittel gewechselt werden. Manche Ärzte verschreiben gleich zwei Präparate, um den Erfolg zu sichern. Tatsächlich aber ist ein rascher und besserer Erfolg nicht bewiesen, eher eine Anhäufung von negativen Nebenwirkungen.

2. Stimulantien

Hierunter versteht man alle antriebssteigernden Medikamente, auch Amphetamine oder Weckamine genannt. Sie unterdrücken Müdigkeit und Schlappheit, heben die Konzentrations- und Leistungsfähigkeit. Mitunter werden einige Präparate auch als Appetitzügler verwendet, weil sie das Hungergefühl verdrängen. Allerdings besteht Suchtgefahr, da die entstehende Hochstimmung (Euphorie) immer wieder herbeigewünscht wird. Das Schlafbedürfnis läßt nach bei gleichzeitig verstärkter Leistungsbereitschaft. Die Gefahr einer Selbstüberschätzung ist gegeben.

Nebenwirkungen:
   Herzjagen und Herzklopfen
   Blutdruckerhöhung
   Schlaflosigkeit
   Zittern
   Kopfschmerzen
   Mundtrockenheit
   Durchfall
   Appetitlosigkeit
   bei langer Einnahme Wahnvorstellungen

Gruppe II: Psychopharmaka mit dämpfender Wirkung

1. Neuroleptika

Sie dämpfen die körperlich-seelische Erregung, aggressives Verhalten, gefühlsbetonte Spannungen, selbst Wahndenken und schizophrene Störungen. Zwangsneurosen, die mit psychologischen Verfahren kaum erfolgreich behandelt werden können, haben bei Vergabe von Neuroleptika bessere Aussichten auf Heilung; jedoch ist eine langfristige Einnahme erforderlich. Sie lassen sich mit Antidepressiva koppeln. Bei Erfolglosigkeit nach 4 Wochen ist das Präparat zu wechseln.

Nebenwirkungen:
   Gewichtszunahme
   Potenzschwächung
   Depressive Stimmung
   Müdigkeit
   Konzentrationsschwäche

2. Tranquilizer

Tranquilizer und Neuroleptika ähneln sich ein bißchen in der Wirkung, doch können psychotische Erkrankungen (Schizophrenie, Wahnvorstellungen...) nur durch Neuroleptika therapiert werden. Die Tranquilizer, auch Sedativa oder Ataractica genannt, wirken muskelentspannend, entkrampfend, während die Neuroleptika keine Entkrampfung bringen. Aggressionen werden gedämpft, weshalb die Tranquilizer gern bei Therapien von erregten und aggressiven Patienten eingesetzt werden. Außerdem beheben sie Ängste und Schlafstörungen, Unruhe und Gereiztheit. In hohen Dosen wirken Tranquilizer hypnotisch, also schlafmachend, und sind bei Schlafstörungen immer noch besser angezeigt als die sogenannten Hypnotica (Barbiturate), weil sie geringere Nebenwirkungen mit sich bringen.

Die zunehmende Verschreibung von Tranquilizern bei jeder Verstimmung und Unlust entzieht dem Patienten die persönliche Verantwortung, nach den Ursachen seiner Störungen und nach Möglichkeiten einer Änderung zu suchen. Die Einnahme von Tranquilizern gegen eine hektische und gereizte Lebensweise wird natürlich nur eine Scheinruhe vermitteln, unter deren Oberfläche die Hektik weitergeht. Am Ende stehen Abhängigkeit, Denkfaulheit und Nachlässigkeit, nicht selten Selbstmord wegen des fehlenden Lebenssinns.

Im allgemeinen tritt nach 8 Tagen spätestens die Wirkung ein. Tranquilizer sollen nicht über längeren Zeitraum eingenommen werden.

Nebenwirkungen:
    Schwindel
    Kopfschmerzen
    Übelkeit
    Reaktionsermüdung
    Schläfrigkeit
    Vergeßlichkeit

3. Hypnotika

Die am häufigsten verwendeten Hypnotika sind die Barbiturate. Sie dienen ausschließlich als Mittel zum Schlaf. Es ist aber wichtig, die Ursachen der Schlafstörung herauszufinden, um dann an der Wurzel zu arbeiten, da Hypnotika süchtig machen können. Schlafstörungen aufgrund einer Hirnsklerose oder als Folge narkotischer Überdosis sind nicht mit Hypnotika zu beseitigen. Hier helfen häufig sogar anregende Mittel, also Coffein oder Weckamine, eine scheinbar widersprüchliche Therapie, die gerade bei alten Leuten Erfolg hat.

Schlafmittel sollen nicht zu lange genommen werden, sondern bei möglichst niedriger Dosis bald wieder abgesetzt werden. Es kann sonst bei zu langfristigem Gebrauch zu Denkblockaden, Abstumpfung und Antriebsstörungen kommen (schwere Zunge, langsame Reaktionen). Oft reicht ein Hopfen- oder Baldrianpräparat. In hartnäckigen Fällen muß sicher eine Psychotherapie erfolgen, während der das Schlafmittel allmählich abgesetzt wird.

10. Heilung durch die Natur: Homöopathie

Homöopathische Heilmittel heilen, ohne daß ein biochemischer Wirkstoff nachweisbar ist. Das verunsichert viele Leute, vor allem diejenigen, die sich ganz bewußt als Christen verstehen. Doch will ich versuchen, die Seriosität dieser Heilmethode darzustellen und Ängste oder Fehlinformationen aus dem Weg zu räumen. Wenngleich auch die offizielle Schulmedizin insgesamt die Homöopathie immer noch im Grenzbereich des Aberglaubens, der Täuschung oder des Placebo-Effekts ansiedelt, so ist doch ein Interesse unter vielen Ärzten zu verspüren.

Der deutsche Arzt Samuel Hahnemann (1755–1843) entdeckte durch Selbstversuche ein völlig neues Heilverfahren. Hahnemann war streng empirisch ausgerichtet und keineswegs ein schwärmerischer Spekulant. Er fand heraus, daß das Krankmachende eines pflanzlichen Extrakts ebenso heilende Kraft in sich birgt. Entscheidend ist die Menge. Diese Erkenntnis war nicht ganz so neu, wie man meinen möchte. Schon bei Hippokrates, Paracelsus und im alten Troja findet man sie: Ähnliches soll man mit Ähnlichem heilen. Dies ist das erste Prinzip der Homöopathie (und die Übersetzung dieses Wortes).

In zahlreichen Versuchen stellte Hahnemann weiters fest, daß eine Arznei erst dann richtig wirkte, wenn er sie mit Alkohol verdünnte und kräftig schüttelte. Das Verhältnis von Arznei und Alkohol betrug $1:99$, d. h. es war kaum noch etwas von der Arzneisubstanz zu finden. So kam es zum zweiten Prinzip der Homöopathie: Je höher verdünnt (und verschüttelt) die Arzneien sind, desto wirksamer sind sie!

Wenn Sie heute in der Apotheke beispielsweise ein Mittel bekommen mit der Potenzierung D2, dann bedeutet das eine $1:100$ Verdünnung, nämlich $1:10^2$. Rein statistisch ist bei solchen Hochpotenzierungen kein Molekül der Ausgangssubstanz mehr vorhanden, dennoch wirkt sie. Heilung mit nichts?

Der offensichtliche Erfolg homöopathischer Therapie bei Infektionen sorgte für eine rasche Verbreitung. Sie versteht sich selbst als eine individuelle Regulationstherapie, welche die körpereigenen Selbstheilungskräfte mobilisiert. Sind diese Kräfte zu schwach, beispielsweise bei akuten Erkrankungen oder im Endstadium, sind ihre Grenzen erreicht.

Die Hauptkritik der Schulmediziner richtet sich gegen die Tatsache, daß kein Molekül mehr erkennbar ist, also auch nicht wirken kann. Doch beruht diese Logik auf einem empirischen, meßbaren Begreifen. Es liegen einfach zu viele Erfolgsmeldungen vor, als daß man sie vom Tisch wischen könnte. Ich verweise hier auf die Veröffentlichungen des in der Homöopathieforschung tätigen Diplompsychologen Harald Walach, der an der Universität Freiburg positive Resultate gefunden hat. Sein Fazit: Beim Potenzieren der Substanzen findet vermutlich eine Energiezufuhr statt, die nicht mehr die Anwesenheit der Moleküle erfordert, sondern nur noch deren Struktur, deren energetische Information. Französische und deutsche Forscher fanden unabhängig voneinander heraus, daß selbst höchste Verdünnungen, noch andere Strukturen als das Lösungsmittel allein aufweisen. Mit anderen Worten: Es gibt so etwas wie ein Gedächtnis des Stoffes. (Ähnlich dem Gedächtnis einer Geige, die, wenn man sie schlecht einspielt, immer an derselben Stelle schlechte Töne erzeugt.) Es gibt eben zwischen Himmel und Erde mehr Dinge, als wir uns in unserer Schulweisheit träumen lassen.

VI. Liebesverlust als Krankheitsursache

Ein Säugling wird von seiner Mutter alleingelassen. Ohne Hautkontakt und Geborgenheit wächst er auf; statt an der Mutterbrust saugt er an der Flasche. Schon nach wenigen Wochen zeigt er ein gestörtes Verhalten, indem er im Bettchen mit dem Kopf hin- und herschaukelt und noch Jahre später nachts einnäßt. Sein Kopfschaukeln signalisiert Verneinung; sein Einnässen bedeutet Weinen. Bis zur späten Kindheit behält er diese seelisch-körperliche Störung bei. Er ist das, was wir heute »frustriert« nennen: enttäuscht und vereinsamt. Seine Störung nennt man in der Fachsprache »hospitalistische« Erkrankung, verursacht durch die Abwesenheit der Mutter, durch einen großen Mangel an Zuwendung und Hautkontakt.

Als Erwachsener wird dieser Mensch jenen mütterlichen Kontaktmangel ständig aufzuholen versuchen, indem er nie genug an Zuwendung und Anerkennung bekommen kann. Er wird einen ungeheuren Ehrgeiz entwickeln, um wenigstens auf dem beruflichen Gebiet ein Maximum an Erfolg und Lob zu erhaschen. Doch seine frühkindliche Frustration wird niemals mehr aufgewogen werden können durch diese Leistungen.

Er gleicht einem Faß ohne Boden, unersättlich suchend nach Verständnis und Liebe, letztlich doch unbefriedigt und enttäuscht. So flieht er in fragwürdige Ersatzbefriedigungen, sucht im Alkohol-, Nikotin- oder Drogenkonsum die heile Welt, flüchtet in eine betriebsame Hektik, rastlos und nervös, bis er erkrankt und organische Schäden erleidet.

Dieses Beispiel zeigt deutlich, wie sehr frühkindlicher Liebesverlust ein Leben prägen kann. Nicht immer muß ein schwerwiegender Kontaktmangel vorliegen, um seelisch-körperliche Störungen hervorzurufen. Oft genügt die Summe kleiner, doch regelmäßiger Enttäuschungen und Verletzungen, die in einem Mangel an Lob und Zuwendung besteht. Jeder psychologisch informierte Laie weiß, daß Ablehnung und Lieblosigkeit beim

Kind lebenslängliche Schäden zur Folge haben können. Aber weiß er auch, daß häufige lieblose Umgangsformen unter Erwachsenen ebensolche Reaktionen nach sich ziehen? Während beim Kind die Störungen sehr rasch erfolgen und sich in einem aggressiven oder depressiven Verhalten zeigen, dauert dies beim Erwachsenen länger. Schließlich hat er ja gelernt, seine Empfindungen zu verbergen, Ärger zu schlucken, den Kopf hochzuhalten. So beginnt ein schleichender Prozeß, der spät erst organische Erkrankungen erkennen läßt. Es sind all jene Krankheiten, die in diesem Buch beschrieben sind: Folgen eines ständigen Verlustes an Anerkennung, Verständnis und gegenseitiger Bejahung.

Liebe ist hier also nicht nur als körperliche Umarmung oder Fütterung verstanden, schon gar nicht als sexuelle Betätigung, sondern als Solidarität und Nächstenliebe. Wer sich nicht geachtet und beachtet fühlt, läuft Gefahr, alle möglichen Formen von Ersatzliebe zu suchen, beispielsweise sexuelle, orale (mundbetonte, also nahrungsbedingte), künstlerische oder übertrieben sportliche Aktivitäten. Hier lebt er sich aus und versucht vergeblich, den Mangel an Selbstbewußtsein auszugleichen.

Wer ständig hungrig ist und in eine bedenkliche Eßsucht verfällt, signalisiert Hunger nach Liebe. Er kann aber auch zu einem Glücksspieler werden, der süchtig ist nach Geld, das er, einmal gewonnen, sofort wieder ausgibt, um von neuem sein Glück zu versuchen. Für ihn vermittelt das Geld ein ungeheures Glücksgefühl, das ihm kurzfristig Befriedigung und Bewunderung einbringt.

Die Mehrheit der enttäuschten Erwachsenen und Kinder begnügt sich jedoch mit bequemeren Ersatzbefriedigungen: Sie sitzt tagtäglich vor dem Bildschirm, vor Spielautomaten oder vor dem Kühlschrank und »frißt« in sich hinein, um die innere Leere zu füllen. Da sich aber eine seelische Leere nicht mit optischen, akustischen oder kalorischen Reizen auffüllen läßt, bleibt das existentielle Unbefriedigtsein weiter bestehen.

Wer von sich behauptet, er sei »gestreßt«, fühlt sich überfordert in dem, was man von ihm verlangt, zugleich aber unterfordert in dem, was er begabungsmäßig zu zeigen imstande wäre. Seine wahren Fähigkeiten kann er nicht zur Entfaltung bringen, weil sie sowohl bei Eignungstests, die manche Firmen zur Personalauslese anwenden, als auch in den Anforderungen des beruflichen Alltags nicht gefragt sind. So fühlt er sich mißbraucht, seelisch vergewaltigt, fehl am Platz. Sein Leben enthält keinen Sinn mehr. Er ist ein Opfer des Systems geworden, in dem die Maschine über den Menschen gestellt wird. Der Mensch hat sich an die Gegebenheiten anzupassen.

Was uns alle betroffen und leiden macht, ist die formaljuristische und verbürokratisierte Handhabung unserer Bedürfnisse, die den Verlust der Spontanität zur Folge hat. Alles ist geregelt, sogar die Zuständigkeit. Wer für wen Verantwortung zu tragen hat, wer wann schöpferisch tätig sein darf, das bestimmt ein Codex von Paragraphen und Verordnungen. Hier einige Beispiele für diese Entmündigung:

- Eine Frau, die 300 km angereist kam, um ihren Neffen im Gefängnis zu besuchen, erhielt keinen Zutritt, weil an dem besagten Tag keine Besuchszeit vorgesehen war. Kommentar des Beamten: »Tut mir leid, gnädige Frau, aber Vorschrift ist Vorschrift!«

- Obwohl ein 8jähriger Junge unbedingt zu seinem Vater wollte, sprach das Vormundschaftsgericht den Jungen der Mutter zu, die zu ihrem Kind kein gutes Verhältnis hatte. Daß der Vater die Mutter einmal geschlagen hatte, beeinflußte die richterliche Entscheidung.

- Drei Jahre lang wurde gegen eine 80jährige Frau prozessiert, weil sie einen Teebeutel im Wert von 90 Pfennig in einem Kaufhaus mitgehen ließ, aus Versehen, wie sie sagte. Der Streitwert belief sich schließlich auf etliche tausend Mark, weil der Inhaber des Kaufhauses auf Bestrafung pochte und den Prozeß nicht einstellen ließ.

- Ich selbst mußte in Österreich einmal einen Tag im Gefängnis verbringen, weil ich nicht bereit war, 15,– DM zu bezahlen, die mir wegen »unbegründeten Betretens der Fahrbahn« auferlegt wurden. Ich hatte, mit einem Fuß auf der Straße stehend, einen Autofahrer vor einer Radarfalle gewarnt.

Solche und tausend andere Beispiele zeigen das Unvermögen, situationsgerecht und vor allem menschlich zu agieren, weil die »zuständige« Behörde jeglicher individuellen Entscheidungsfähigkeit beraubt ist. Noch so unsinnige Verordnungen werden durchgeführt aus Angst vor Bestrafungen, Versetzungen oder anderen unliebsamen Konsequenzen. Und die hier entstehende persönliche Schuld, die ein Menschenleben zerstört, kann abgeschoben werden auf eine höhere Zuständigkeit. Verantwortungsgefühl und Mitleid dem einzelnen gegenüber sind somit ausgeschaltet bzw. institutionell geregelt.

Dieses Unbehagen gegenüber Amtsstuben macht nur einen Teil der gesellschaftlichen Frustration aus. Der andere Teil ist der Wohlstand, der sich im Überfluß und Überdruß manifestiert. Der Überfluß an Gütern und machbaren Werten läßt die persönliche Kreativität in den Kinderstuben und Bastelkellern schrumpfen: »Warum mühsam etwas herstellen, was man billig kaufen kann? Schnell läßt sich ein weinendes Kind mit einem Plexiglasauto beruhigen. Wie einfach ist es doch, Kinder und Jugendliche mit einem erhöhten Taschengeld zufriedenzustellen und abzuspeisen! Wir Erwachsene verkünden einfach einen Streik und fordern das, was wir »unser Recht« nennen: mehr Lohn, mehr Freizeit. Das Ergebnis haben wir inzwischen vor uns liegen: weniger Mitmenschlichkeit, weniger Verzichtfähigkeit, weniger Liebe.

Die Mehrheit der Jugendlichen und Erwachsenen weiß mit ihrer Freizeit nichts anzufangen. Hinter den meisten Aktivitäten verbirgt sich eine ziellose Suche nach der verlorenen Geborgenheit. Flucht in ständigen Partnerwechsel, Unfähigkeit zur überdauernden Bindung in einer Ehe, Flucht in asiatische Meditationsparadiese, in Jugendsekten, in Drogenkonsum, Auswandern zu den Südseeinseln, Flucht in Depression und schließlich Resignation als Erkrankung des Herzens, dem Symbol der Liebe.

Der Verlust der Liebe treibt manche Menschen verzweifelt in eine verfrühte Ehe hinein, in der sie sich die lang ersehnte Geborgenheit erhoffen. Doch diese Beziehung gleicht oft eher einem Egoismus zu zweit als einer ebenbürtigen Partnerschaft, in der jeder seine geistige Unabhängigkeit bewahren kann. Wer die Tiefe seiner Verliebtheit als Ausdruck der echten Liebe deutet, wird bald enttäuscht werden. Denn der Grad der abgöttischen Verliebtheit beweist nur den vorangegangenen Grad seiner tiefen Einsamkeit.

Schließlich krankt diese Beziehung an allen möglichen Symptomen: an Mißtrauen, Angst, Rücksichtslosigkeit und Entfremdung. Und mit der seelischen Störung ist der Beginn für eine körperliche Erkrankung gesetzt, die der Betreffende vielseitig nützen kann. Er vermag sie als Waffe einzusetzen: »Das hast du nun davon! Sieh, was du aus mir gemacht hast!« oder als Erpressung: »Wenn du so weitermachst, bringst du mich noch ins Grab!« oder als SOS-Ruf: »Hilf mir bitte, es geht mir schlecht!« Oder aber als Waffe gegen sich selbst, um so unauffällig und langsam aus dem Leben zu scheiden. In der Tat kommt manchem Patienten die Krankheit sehr gelegen; da er dem Leben ohnedies keinen rechten Sinn mehr abverlangen kann, ist er nun geneigt, durch starkes Rauchen, rücksichtslosen Raubbau, unvernünftige Ernährung und durch zunehmenden Medikamentenkonsum seinem Leben ein Ende zu bereiten. Er betreibt ganz bewußt »Selbstmord auf Raten«.

Den Verlust der Liebe können wir nur aufhalten, indem wir anfangen, unseren Nächsten zu verstehen, indem wir mehr Sensibilität für unsere Umwelt entwickeln und die Eigenarten des anderen akzeptieren. Eltern sollten ihre Kinder weitgehend gewähren lassen, was Auswahl der Kleider, Gestaltung der Freizeit, Auswahl der Freunde, Entfaltung von Interessen und Berufswünsche anbelangt. Wenn sie selbst vorbildlich leben und das häufige Gespräch und Spiel mit den Kindern pflegen, besteht kein Grund, sich um die Entwicklung der Kinder zu sorgen. Nur eine aus Angst und Mißtrauen erfolgte Anpassung und Reglementierung läßt die Kinder aus der Familie ausbrechen.

Die Ironie des Schicksals will es, daß mich gerade in diesem Augenblick ein 10jähriges Mädchen anruft. Ich gebe das Telefonat hier sinngemäß wieder:

Ute: (sehr stockend und leise) Ist da Dr. Müller? Ich bin die Ute, ich weiß nicht, ich möchte Sie fragen, wo sich Kinder, die Sorgen haben, melden können.

Ich: Wie alt bist du denn, Ute?

Ute: Zehn. – Ich muß gleich aufhören, meine Mama kommt. Die darf nicht wissen, daß ich anrufe.

Ich: Was bedrückt dich denn, Ute? Sag es mir doch!

Ute: Meine Mama liebt mich nicht. Sie schlägt mich immer. Ich kann nichts sagen.

Ich: Willst du mir denn schreiben? Es ist besser, wenn du mir alles schreibst.

Ute: Nein, das erfährt die Mama. Bitte sagen Sie nichts meinen Eltern! Ich habe Angst.

Ich: Du brauchst keine Angst zu haben, Ute. Ich werde nichts sagen. Vielleicht...

Ute: Ich muß jetzt aufhören. Die Mama kommt. Ich rufe nochmal später an. (Legt auf)

Drei Tage später rief Ute noch einmal an. Auch hierbei kam sie nicht weiter, da sie von einer Telefonzelle anrief und sich von einer älteren Schwester beobachtet fühlte. Ich konnte nicht viel erreichen. Vielleicht wird sie sich ein drittes Mal melden. Ute hat eine fürchterliche Angst, geschlagen zu werden. Sie spürt den allgegenwärtigen Blick ihrer Mutter, die ihre Tochter aus irgendwelchen Gründen ablehnt. Ute äußerte den Wunsch, von zu Hause wegzulaufen, weil sie sich von niemandem geliebt weiß.

Es ist nicht schwer zu erraten, daß die Mutter große Schwierigkeiten hat, mit sich selbst fertig zu werden. Das biblische Gebot »Liebe deinen Nächsten wie dich selbst!« spricht genau die Abhängigkeit aus, die zwischen der Selbst- und Nächstenliebe besteht: Wer seine eigenen Fehler kennt und akzeptiert, ist eher bereit, sie auch bei anderen anzunehmen. Darauf beruht die wichtige Erfahrung einer geduldigen Pädagogik: Wer nach einer lieblosen Kindheit, wer nach wiederholten Mißerfolgen und Ablehnungen immer wieder die Sympathie eines Menschen verspürt, seine Liebe erfährt, taut allmählich auf und kann seelisch wieder aufatmen. Das Medikament gegen Sinnleere und Liebesmangel heißt Geduld und Einsatz für andere.

VII. Religiöse Hintergründe psychosomatischer Störungen

Es ist nicht die Regel, daß Psychologen, Ärzte oder Heilpraktiker die weltanschauliche Haltung ihrer Patienten ansprechen. Dieses Gebiet ist aufgrund der zu wahrenden Neutralität und Wertfreiheit ausgespart; dabei würde man allzu oft fündig werden und bestimmte religiöse Haltungen als krankmachend entlarven.

Der Glaube sollte helfen und heilen. In vielen Fällen tut er es auch. Aber groß ist die Zahl derer, die durch falsch verstandene Frömmigkeit, Verdammungsängste, Überanpassung oder durch ein bedrohliches Gottesbild krank werden. Seit ich in meiner Praxis auch das Gottesbild und die weltanschauliche Seite des Patienten anspreche, erfahre ich erstaunliche Zusammenhänge.

Im Namen Gottes erziehen viele Eltern ihre Kinder immer noch zu braven, angepaßten Menschen, die so in eine Depression hineinwachsen, funktionelle Organbeschwerden erleiden oder latente Selbstzerstörungstendenzen entwickeln. Elementare Bedürfnisse und Gefühle werden unterdrückt im Glauben, dies sei gottgewollt und sei der biblische Weg zur Erlösung. Ganz und gar nicht.

Man kann diese Fehlentwicklung nicht allein der Institution Kirche anlasten. In meiner eigenen Studie habe ich das Eltern- und Gottesbild von 100 Jugendlichen untersucht und festgestellt, daß das Gottesbild der Jugendlichen allein von der Erfahrung ihrer Eltern stammt, d. h. nicht fromme Worte vermögen den Gott zu vermitteln, sondern die existentielle, emotional erlebte Verhaltensweise der Eltern. Autoritäre, strafende Väter und ohnmächtige Mütter bauen im Menschen einen bedrohlichen Gott auf, den es mit frommen Leistungen zu besänftigen gilt, wenn man nicht lieber gleich weglaufen will. Stets abwesende Eltern vermitteln einen passiven Gott, der einen im Stich läßt. Solche meist unterschwelligen Gottesbeziehungen sind nicht unbeteiligt beim Entstehen einer Neurose, Psychose oder Stoffwechselstörung.

In der Tat weisen 80 % meiner Patienten ein fatales Gottesbild auf. Das von den Eltern unbewußt weitergegebene religiöse Weltbild mögen die Kinder ablehnen; die Beziehung zu ihrem Gott aber sitzt tief in den Knochen und kann nach einer Zeit religiöser Abstinenz im hohen Alter wieder aufbrechen. Jeder Mensch kann geheilt oder mindestens ermutigt und gestärkt werden, wenn er Gott als barmherzigen Vater, als liebende Mutter erfährt. Wo aber Rachsucht, Unversöhnlichkeit, ständige Schuldzuweisung und Egoismus das Milieu bestimmen, kann schwerlich ein gesundes Verhältnis zu Gott wachsen. »Ich habe Groll auf Gott«, schrieb mir eine Dame, »er erhört meine Gebete nicht. Ich habe Schuldgefühle, leide unter Ängsten und Depressionen, habe im Hals einen Kloß und kann nicht schlafen.«

Es ist erstaunlich, wie einseitig und lebensfremd die Ausbildung der Psychologen, Mediziner und Theologen ist. Kaum einer fühlt sich in der Lage, solchen Menschen zu helfen; eher wird am Symptom herumkuriert als am Kern der Störung. Der Kern betrifft die Frage nach der Versöhnungsbereitschaft des Patienten, auch nach seinem Lebenssinn. Wer müßte sich nicht versöhnen mit sich selber, dem Nächsten und Gott? Solange eine angstbesetzte, lebensfeindliche Glaubenshaltung das Leben des Menschen bestimmt, bleiben Medikamente, Kuren und Gebete unnütz.

Viele Heilungssuchende ahnen es. Und da sie keinen kompetenten Heiler finden, der das Zusammenspiel von Glaube und Gesundheit, von magischem Denken und Krankheit durchschaut, geraten sie an Heiler mit oft fragwürdigem Charakter. Hier liegt die Chance für Scharlatane, falsche Propheten und selbsternannte Therapeuten esoterischer Prägung. Okkultgeschädigte Menschen kommen in die Praxen und erleben wieder einmal mehr, daß niemand da ist, der sie ernst nimmt.

Als Ordensmann, Theologe, Pädagoge und Psychologe komme ich viel durchs Land. Ich kann mich der vielen gottsuchenden, an Gott leidenden, okkultbesetzten und glaubensfeindlichen Mitmenschen kaum noch erwehren. Inzwischen melden sich immer mehr Ärzte und Psychologen, die zur Einsicht kommen und aus der Erfahrung heraus, mutig und gläubig wie sie sind, diese ausgesparte, peinliche Thematik aufgreifen und nach entsprechender Ausbildung suchen. Wann endlich begreifen die anderen, ewig Gestrigen, welche Stunde es geschlagen hat?

Anschriften

Adressen von klinischen Psychologen bzw. Psychotherapeuten vermitteln:

Berufsverband Deutscher Psychologen BDP
Heilsbachstr. 22
53123 Bonn

Berufsverband Österreichischer Psychologen BÖP
Liebiggasse 5/3
A-1010 Wien

Berufsverband Schweizer Psychologen BSP
Société Suisse de Psychologie
Les Courbes
CH-1181 Gilly

Berufsverband Holländischer Psychologen
Nederlands Institut van Psychologen
niv. Maesstraat 122
NL-Amsterdam 1007

Durchführung bzw. Vermittlung von Gruppentraining:

Deutscher Arbeitskreis für Gruppenpsychotherapie und -dynamik DAGG
37124 Tiefenbrunn
b. Göttingen
Niedersächsisches
Landeskrankenhaus

Österreichischer Arbeitskreis für Gruppenpsychotherapie und -dynamik ÖAGG
Getreidegasse
A-5020 Salzburg

Partnerschafts- und Familienberatung
Altmann
Hanns-Henny-Jahn-Weg 41–45
22085 Hamburg

Deutsche Arbeitsgruppe für Jugend- und Eheberatung e.V. DAJEB
Birkhahnweg 9
48155 Münster
St. Mauritz

Auskünfte über verhaltenstherapeutische Einrichtungen:

Berufsverband der Heilpädagogen
Bolande 62
23858 Reinfeld

Deutsche Gesellschaft für Verhaltenstherapie e.V.
Uhlandstr. 2
Postfach 1343
72072 Tübingen

Gesprächstherapeutische Maßnahmen:

Sämtliche Erziehungsberatungsstellen bzw. Lebensberatungszentren. Wegen der langen Wartezeiten in diesen Beratungsstellen ist oft der Weg zu Privatpraxen angezeigt. Auskünfte über Gesprächstherapeuten gibt die

Gesellschaft für Wissenschaftliche Gesprächstherapie GWG
Werderstr. 20
50672 Köln

Auskünfte und Hilfe bei Krebserkrankungen:

Frauenselbsthilfe nach Krebs e.V.
Frau U. Schmidt
Von-Denis-Str. 17
67117 Limburger Hof

Adressen für spezielle Erkrankungen und Therapieformen:

Aids
Aids-Aufklärung e.V.
Ludwig-Landmann-Str. 7
60488 Frankfurt/M.
0 69/76 29 23

Allergie
Allergiker- u. Asthma-
tikerbund e.V.
Hindenburgstr. 110
41061 Mönchenglad-
bach
0 21 61/1 02 07

AG allergiekrankes Kind
(Asthma, Ekzeme, Heu-
schnupfen)
Hauptstr. 29
35745 Herborn
0 27 72/4 12 37

Amalgamvergiftung
Beratungsstelle für
Amalgamvergiftung e.V.
Rembrandtstr. 21 a
81245 München
0 89/8 20 12 26

Apallisches Syndrom
(Koma nach Unfall)
Spezialklinik
89331 Burgau

Arthrose
Deutsche Arthrose Hilfe
Postfach 110551
60311 Frankfurt

Chinesische Medizin
Dt. Forschungsinstitut
f. Chin. Medizin e.V.
Silberbachstr. 10
79100 Freiburg
07 61/7 72 34

Akupunktur TCM-Klinik
(Traditionelle Chines.
Medizin)
Ludwigstr. 2
93444 Kötzting
0 99 41/60 90

Depression
Verein Hilfe für
Depressivkranke e.V.
Wermbachstr. 13
63739 Aschaffenburg
0 60 21/2 36 26

Drogen
Bundesverband der
Elternkreise drogenab-
hängiger Jugendlicher
Westring 2
59065 Hamm
0 23 81/9 01 50

Eß-Störungen
Klinik am Korso
Postfach 100664
32547 Bad Oeynhausen
0 57 31/1 81-0

Psychosomat. Poliklinik
Untere Zahlbacherstr. 8
55131 Mainz
0 61 31/17 73 81

Hypnose-Therapie
Frau Dr. Kästele
82008 Unterhaching
Tel. 0 89/6 11 71 19

Neurodermitis
Bundesverband
Neurodermitiskranker
e.V.
Oberstr. 17
56154 Boppard
0 67 42/25 98

Stotterer
Bundesvereinigung
Stotterer-Selbsthilfe
Kasparstr. 4
51149 Köln
02 21/73 07 31

Eine aktuelle Liste christ-
lich orientierter Kliniken
und Therapeuten kann
beim Autor gegen Ein-
sendung eines frankier-
ten und adressierten
Rückumschlags kosten-
los angefordert werden:
Dr. Jörg Müller
Vinzenz-Pallotti-Haus
85317 Freising

In diesem Buch verwendete Literatur

Benkert/Hippius: Psychiatrische Pharmakotherapie. Heidelberg 2/1976
Degkwitz/Hoffmann/Kindt: Psychisch krank. München 1982
Harbauer/Lempp/Nissen/Strunk: Lehrbuch der speziellen Kinder- und Jugend-
psychiatrie. Heidelberg 1971
Jores, Arthur: Der Kranke mit psychovegetativen Störungen. Göttingen 1973
Langbein/Martin/Weiss: Bittere Pillen. Medikamentenbuch. 1992
Lenné, Raphael: Zeitkrankheit Depression. München 1976
Luban-Plozza, Boris: Der ganzheitliche Mensch. München 1972
Luban-Plozza/Pöldinger: Der psychosomatisch Kranke in der Praxis. Heidelberg
1977
Lüscher, Max: Der 4-Farben-Mensch. München 1977
Lüth, Paul: Das Krankheitenbuch. Darmstadt 1979
ders., Das Medikamentenbuch. Darmstadt 1976
Marks, Isaac: Bewältigung der Angst. Heidelberg 1977
Meyer-Nachschlagewerk: Wie funktioniert das? Mannheim 1973
Mitscherlich, Alexander: Krankheit als Konflikt. Studien zur psychosomatischen
Medizin 1. Frankfurt 1966
dasselbe Nr. 2. Frankfurt 1967
Müller, Jörg: Der Umgang mit sich und anderen. München 1979
Pavel, Falk-Giselher: Die klientenzentrierte Psychotherapie. München 1978
Raabe, Hans-Jürgen: Geheimnis gesund. Neue Ganzheitsstrategien für mehr
Gesundheit. München 1991
Sengupta, Christine: Medikamentenführer. München 1988
Sigusch, Volkmar: Therapie sexueller Störungen. Stuttgart 1975
Simeons, A. T. W.: Ärger und Aufregung als Krankheitsursachen. München 1960
Strotzka, Hans: Psychotherapie: Grundlagen, Verfahren, Indikationen. München
1978
Thomas, Klaus: Praxis der Selbsthypnose des autogenen Trainings. Stuttgart 1972
Uexküll Thure v. (Hrsg.).: Lehrbuch der psychosomatischen Medizin. München
1979
Vester, Frederic: Phänomen Streß. Stuttgart 1976
Walach, Harald: Homöopathie-Heilung mit nichts? In: Psychologie heute 9/1993

Register